KB123102

월급쟁이
쳇바퀴
탈출
재테크

월급쟁이 쳇바퀴 탈출 재테크

지은이 ｜ 홍현일
펴낸이 ｜ 박상란
1판 1쇄 ｜ 2018년 3월 15일

펴낸곳 ｜ 피톤치드
교정 ｜ 이슬
디자인 ｜ 롬디
경영·마케팅 ｜ 박병기

출판등록 ｜ 제 387-2013-000029호
등록번호 ｜ 130-92-85998
주소 ｜ 경기도 부천시 원미구 수도로 66번길 9, C-301(도당동)
전화 ｜ 070-7362-3488
팩스 ｜ 0303-3449-0319
이메일 ｜ phytonbook@naver.com

ISBN ｜ 979-11-86692-15-8 (03320)

「이 도서의 국립중앙도서관 출판예정도서목록(CIP)은 서지정보유통지원시스템 홈페이지(http://seoji.nl.go.kr)와 국가
자료공동목록시스템(http://www.nl.go.kr/kolisnet)에서 이용하실 수 있습니다.(CIP제어번호: CIP2018003753)」

※ 가격은 뒤표지에 있습니다.
※ 잘못된 책은 구입하신 서점에서 바꾸어 드립니다.

황금알을 낳는 메추리 프로젝트

월급쟁이
쳇바퀴
탈출
재테크

홍현일 지음

파톤지드

추천사

직장인 삶 속의 재무 이슈, 그 해법을 찾다

우리나라 국민의 평균 수명이 급속히 늘어나면서 100세 시대가 되었다. 100세 시대를 준비하는 사람들을 위한 다양한 책들이 쏟아져 나오고 있는데 그중 하나가 재테크 관련 서적이다. 하지만 이 책은 다른 재테크 서적과는 달리 빠듯한 수입으로 살아가는 직장인이나 자영업자가 어떻게 노후를 현명하게 대비할 수 있는지 구체적이고 실제적인 방법을 알려준다.

본인은 현역에서 은퇴한 사람으로 이 책을 받아 단숨에 읽으면서 이 책을 현업에서 활발하게 활동하고 있을 때, 조금이라도 젊었을 때 접했다면 좋았을 거란 아쉬움이 들었다. 그랬다면 지금보다 훨씬 알차고 풍요롭게 살며 안정된 장래까지 준비할 수 있었을 것이다. 그런 까닭에 이 책을 많은 사람에게 적극적으로 추천하며 특히 내 자녀와 후배들이 읽기를 바란다.

이 책은 다른 재테크 서적과는 달리 소설을 읽는 것처럼 재미있다. 스토리텔링으로 구성해 재테크 정보를 쉽게 이해할 수 있다. 누구라도 쉽게 재테크 방법을 배워 실행할 수 있도록 배려한 필자의 수고에 감사한다.

박명준
키르기스스탄 Keiin 국제대학 경영학 교수
전) DSME TRENTON(대우조선해양 캐나다 현지 법인) 대표

4

이제 돈으로부터의 독립 전쟁!

이 책의 저자와 10대 시절 함께 공부한 소중한 인연으로 서평을 부탁받았다. 처음에는 적잖이 망설였다. 월급 통장 하나만으로 저축과 지출을 감당해온 완벽한 재테크 무식자이기 때문이다.

그런 문외한이 서평을 쓰기 위해 책을 정독하면서 가장 먼저 느낀 것은 독자들을 향한 저자의 따뜻한 배려가 책 속에 녹아있다는 것이다. 무엇보다 재테크에 대한 실제적이고 실질적인 조언이 인상적이다. 이 책은 자칫 지루할 수 있는 재테크 공식과 이론들을 쉽게 설명했다. 경제 활동을 시작할 때 누구나 겪었을 법한 에피소드와 애환 속에 이것들을 잘 풀어놓았다. 그리고 재테크를 위한 실천적인 동기와 구체적인 방법들을 정확하게 짚어주었다.

이 책이 특별히 더 소중하게 느껴지는 까닭은 본인뿐 아니라 다른 독자들도 돈의 노예로 살지 말고 '돈으로부터의 독립 전쟁'을 지혜롭게 수행해나가길 소망하는 저자의 열정과 진정성 때문이다.

모쪼록 많은 사람이 이 책을 통해 각자 상황에 맞는 구체적인 노하우와 용기를 얻기를 바란다. 바쁜 가운데 밤낮으로 글을 쓰며 수고했을 저자에게도 고마움을 전한다.

박문영
홍콩 중문대학교 사범대학 영어교육학과 교수

1920년 10월의 어느 날.

만주의 겨울은 일찍 찾아왔다. 바위 뒤에 잔뜩 몸을 웅크린 이름 모를 독립군은 모신나강 소총을 손에 쥔 채 일본군을 쏘아보고 있었다. 총알은 단 세 발뿐. 그는 왼손 손가락 사이사이에 총알을 한 발씩 끼워 넣었다.

당시 독립군은 30만 조선인 마을 주민의 살과 뼈로 조직된 군대였다. 한 발의 총알은 곧 조선인 마을 한 가정의 한 끼 식대였다. 이런 소중한 총알을 허투루 쓸 수는 없었다.

목숨이 경각에 달린 상황에서도 독립군 병사는 침착했다.

총알 한 발을 장전하고, 지휘관으로 보이는 일본군을 정조준하고 방아쇠를 당겼다.

"탕!"

일본군이 쓰러졌다. 이 한 발은 어젯밤 자신에게 아랫목을 내어준 김 씨 네 한 끼 식사….

침착히 다음 총알을 장전한다. 절대로 허투루 써선 안 된다.

다시 총이 불을 뿜고 여지 없이 또 한 명의 일본군이 쓰러진다. 이 한 발은 꿈 많던 조선인 소녀 순이의 책 값이었다. 이제 마지막 총알이다. 그 한 발을 손에 꼭 쥐고 병사는 다짐한다. 이 마지막 총알을 쏘고 난 후 일본군에게 돌격하리라.

그렇게 최후의 한 발을 쏜 후, 그들은 기적처럼 승리했다.

이것이 바로 청산리 전투다. '독립을 위한 절박함이 만들어낸 기적 같은 승리'였다. 이 승리가 바로 독립으로 이어지진 않았다. 하지만 훗날 우리 독립에 큰 밑거름이 된 것만은 분명했다.

2017년 7월의 어느 날.

강남의 한 커피전문점에 30대 초반으로 보이는 한 사람이 앉아있다. 왼손엔 4,500원짜리 아이스 아메리카노가 들려 있다. 그리고 오른손에 든 스마트폰을 희미한 미소를 띤 채 응시하고 있다. 유럽 여행지에 대한 정보가 담긴 사이트를 꼼꼼히 정독 중이었다. 힘든 직장 생활 중에도 일주일 뒤에 예정된 열흘간의 유럽 여행을 생각하면 가슴이 기쁨으로 부풀어 올랐다. '이건 힘든 직장 생활을 견딘 나에게 주는 보상이야'라고 생각했다. 사실 모아 놓은 돈은 없었다. 얼마 전 생긴 K뱅크에서 300만 원을 대출 받왔다. 그걸로도 부족해서 상당한 비용은 카드에 의지해야 할 테지만 상관없다.

"이러려고 돈 버는 거지." 혼잣말을 내뱉었다. 마음 한 구석에 약간의 불안감이 삐져나오고 있었다. 그러나 나는 충분히 이런 것을 누릴 자격이 있는 사람이라는 생각으로 그 불안감을 마음속 깊숙이 밀어넣었다.

그때는 몰랐다. 아메리카노 한 잔이 하루치 노후 식비가 될 수도 있다는 것을. 열흘간의 유럽 여행이 일 년치 노후 생활비가 될 수도 있다는 것을.

100년 전 독립군에겐 절실함이 있었다. 일제로부터 독립하겠다는 확고한 목표도 있었다. 그 당시 한국인이라면 우리가 조국을 빼앗긴 식민지 백성으로 살아가고 있다는 사실을 명확히 알고 있었다. 상황에 대한 인식이 확실했기에 목표도 확고했고 절박함도 있었다. 그리고 한 발 한 발의 총알이 얼마나 가치 있는지도 알고 있었다.

그러나 지금 우리는 어떤가? 지금 여러분은 무엇을 위해 일하는가?

세상에 종을 위해 일하는 주인은 없다. 하루하루의 생활을 위해 돈을 벌어야 한다면 그건 돈을 위해 일하는 것과 같고, 결국 우리는 돈의 노예로 살아가고 있다는 뜻이다.

그러나 이런 상황을 정확히 인식하는 사람은 많지 않다. 가슴에 손을 얹고, 내가 돈의 노예라고 생각해 본 적이 있는가? 오히려 돈의 주인이라 착각하며 사는 사람들이 더 많다. 지금 하고 있는 일이 어릴 적부터 꿈꿔왔던 일이라면, 그리고 지금 하는 일이 자신에게 너무나 큰 기쁨이며 죽기 직전까지 그 일을 계속 할 수 있다면 아무 문제없을 것이다. 그러나 그런 사람이 얼마나 될까?

어쩌면 우린 지금 "돈으로부터의 독립을 위한 전쟁"을 하고 있을지 모른다. 한 잔의 아메리카노가 독립군이 가진 세 발의 총알과 같다는 것을, 유럽 여행 경비가 독립군이 든 기관총과 같다는 것을 깨닫는다면 돈을 쓸 때 조금은 신중해 질 수 있지 않을까?

그렇게 아낀 돈으로 적금을 들 수도 있다. 펀드 투자를 할 수도 있다. 그런다고 당장 돈으로부터 독립할 수는 없겠지만 훗날 경제적 자유를 이루는 데 큰 밑거름이 될 것은 분명하다. 마치 청산리 전투의 승리처럼.

2018년 봄
홍현일

목차

챕터 1

취직만 하면 끝?

챕터 4

돈에게도
일을 시키자!

챕터 1

취직만 하면 끝?

나는
직장인이다

　'지금, 날 보고 있는 거지? 그리고 웃는 거지? 이거 비웃는 거
아냐? 흥 칫 뿡이다! 회사 다니는 게 벼슬이라도 되는 거야?'라고
생각한 적이 있었다. 자랑스럽게 목에 걸려 있는 사원증, 한 손에
든 아이스 아메리카노. 그래, 그건 내가 꿈꿔온 완벽한 회사원의
모습 아닌가? 그런 그가 나를 보며 웃는다. 목 늘어난 티셔츠에
무릎 나온 청바지, 삼선 슬리퍼를 끌고 커피는커녕 주린 배를 채
우려 길거리 컵밥을 입 속에 쑤셔넣는 내 모습을 보며 뭔가 우월
감 같은 걸 느꼈으리라.

　그리고 5년이 지났다. 이젠 나도 자랑스러운 직장인 4년차. 이
제 알았다. 그때 그 직장인이 웃고 있던 이유를. 그건 날 향한 비
웃음이 아니었다. 단지 그 시간에 회사 밖으로 나왔다는 사실이
감개무량했을 뿐.

우리의 소원은 통일이라고? 너무 케케묵은 이야기인가? 뭐 아무튼 우리의 소원이 통일이라고 치자. 그러나 나에게 소원이 무엇이냐 묻는다면, 첫 번째 소원은 주말에 회사에 안 끌려가는 것이고, 두 번째 소원은 대출을 빨리 갚는 것이며, 세 번째 소원은 하루라도 빨리 회사를 때려치우는 것입니다, 라고 대답할 테다.

사실 이번 회사는 내 두 번째 직장이다. 첫 번째 직장은 어렵게 합격하고 두 달 만에 그만뒀다. 세상에 그렇게 거지 같은 회사는 없을 거라 생각했다. 다른 회사는 좀 다를 줄 알았다. 그런데 세상에! 옮기고 나서야 거기가 거기라는 걸 깨달았다.

문득 초등학교 시절 장래 희망 조사가 기억난다. 그때 난 우주비행사가 꿈이라고 적었지, 아마. 아… 아닌가? 대통령이었나? 그거야 뭐 수시로 바뀌곤 했으니까. 아무튼 만약 그 시절로 돌아가 장래희망을 다시 조사한다면 이렇게 쓸 판이다.

"훌륭한 직장인이 되겠습니다!"

표현은 조금 달랐지만 면접관에게 거의 이런 식으로 말했던 것 같다. 일단 취업부터 성공해야 하니 다른 수가 없었다고 스스로를 위로해 본다.

손에 든 핸드폰이 부들부들 떨린다.

'이 대리 얼른 들어와야지?'

과장님이다. 저녁 7시에 다시 회사로 들어가야 하다니! 한숨이 절로 났다. 들고 있던 커피를 쭉 들이켰다. 문득 오늘이 목요

일이라는 사실이 떠올랐다. 하루! 딱 하루만 더 버티면 쉴 수 있다. 다행히 지금까진 주말 출근 소식이 없다. 월 마감이 다가온다는 건 상당히 불안하지만.

다음 주 월요일은 드디어 월급날이다. 가뭄으로 쩍 갈라진 논바닥에 물 한 바가지 붓는 것과 다름없지만 그래도 아사 직전인 내 통장은 긴급 구호물자를 기다리고 있다. 얼굴에 미소가 피어올랐다.

그러다 길 건너편에서 컵밥을 먹던 학생과 눈이 마주쳤다. 저 때가 좋았는데… 한낮에도 거리를 산책할 수 있던 그 시절이 생각나 입꼬리가 올라갔다. 그런데 학생은 어딘가 심기가 불편해진 모양이다. 내가 뭘… 잘못했나…?

소원
3호

　오랜만에 만난 친구들. 이게 정말 얼마만인가? 이 얼마나 자유로운 순간인가. 회사에서 벗어난 자유로운 이 순간! 모두들 나와 같은 마음인지 정말 행복해 보인다. 녀석들과 술 한잔 기울이는 시간이 이렇게 꿀 같은 휴식이 될지 학교 다닐 때는 미처 몰랐다. 친구들 얼굴을 하나 하나 내 눈에 담아본다. 그런데… 어…? 이게 뭐지? 분명히 부장님인데. 왜 부장님이 내 친구들 사이에 있는 거야! 부장님이 나에게 손을 쭉 뻗는다.

　"이 대리. 자? 피곤하지? 어쩌냐, 주말에도 출근해야 될 것 같은데?"

　내 어깨에 손을 올리고 나지막이 속삭이던 그 얼굴이 어둠 속으로 총총 사라진다.

　번쩍 정신이 들었다. 행복의 바다에서 헤엄치던 내 영혼이 순식간에 쓰레기통 같은 현실로 소환당했다.

　회사였구나….

　하… 이번 주말 약속도 취소구나…. 예상은 했지만 실낱 같은 희망이 있었다. 그 희망이 날아가버리고 주말 출근이 현실이 되니 울컥 짜증이 밀려왔다. 무슨 부귀영화를 누리자고 이 밤에 사무실에 앉아 신세 한탄을 하고 있단 말인가! 이젠 영혼의 자유마저 갉아 먹히는 기분이다.

　한 시 방향으로 눈을 치켜 뜨며 시계를 훔쳐 본다. 11시가 넘었다. 숫자로 가득 찬 엑셀 파일을 밑으로 내린다. 그리고 조용히 바탕화면의 업무 폴더를 더블 클릭 한다. 〈개인 업무〉, 〈문서〉, 〈직박구리〉 폴더를 차례로 누른다. 〈소원 3호〉 파일을 연다. 사직서다.

　'상기 본인은 일신상의 사유로 퇴사하고자 하오니 허락하여 주시기 바랍니다.'

　이걸 확 출력해? 참나, 지금이라도 뽑아서 어둠 속으로 사라진 부장님 얼굴에 던져 버릴까?

　갑자기 자동차 할부금과 월세가 생각났다. 현실은 현실. 주말에 출근하지 않겠다는 소원 1호가 무산되었다. 그러니 회사를 때려치우겠다는 소원 3호라도 이루고 싶었다. 그러나 소원 2호를 아직 이루지 못한 관계로 소원 3호도 뒤로 미뤄둘 수밖에 없다.

어쩔 수 없이 조용히 소원 3호 파일을 닫았다. 씁쓸하다.

주변을 둘러보니 부장님을 제외한 모두가 아직 자리를 지키고 있었다. 다들 나와 같은 마음일까? 돈 때문에, 그 놈의 월급 때문에 이 순간을 억지로 버티는 걸까? 모두 다 내 맘 같진 않다는 걸 금방 알게 됐다.

"이 대리, 피곤해? 그러니깐 운동하라고 했잖아. 사는 게 다 그런 거야. 사무실이 내 집이다~ 생각하라고. 조금 더 살아봐. 집보다 사무실이 더 편하다니깐?"

지금 이걸 위로라고 하는 건가? 하긴, 회계부서에선 체력이 중요하다며 운동을 강요하던 분이니깐. 그 손에 이끌려 결국 헬스장 등록을 한 적이 있다. 3개월에 딱 두 번 가고 끝이었지만.

"조금만 더 힘내. 다음 주에 월급 들어오잖아. 월급을 받으려면 일을 해야지, 응? 밥값은 해야 된다는 말이야."

월급? 방명록에 이름 남기듯 통장에 '급여'라는 두 글자만을 남긴 채 홀연히 사라지는 사이버 머니 같은 월급? 그 월급 때문에 이 고생을 하는구나. 내 수고에 비하면 한참은 모자라 보이는데 그거 받자고 밥값 얘길 듣는구나. 무슨 밥이 그렇게 비싸냐? 한숨만 나왔다.

그러나 방법이 없었다. 왠지 더 억울한 밤이다.

297, 230

숫자들의 향연이 펼쳐졌다. 어미 새가 물어온 먹이를 자기 입에 넣어 달라고 아우성치는 새끼들마냥, 혹여 자기 차례를 건너뛸까 조바심 내듯 카드사의 경쟁적인 "퍼가요"가 이어졌다. 거기에 월세와 관리비, 자동차 할부금까지. 하이에나 떼가 휩쓸고 간 통장에는 현금 30만 원도 채 남지 않았다. 마지막 숫자는 정확히 297,230이다. 오늘이 바야흐로 월급날이었는데.

"히야… 내가 이걸 다 썼다고?"

좀비처럼 주말을 보냈다.

지난 토요일, 내 주말을 순간 삭제시킨 부장님은 별 것 아니란 듯 서류 뭉치를 던져주며 퇴근했다.

"월요일에 보고해."

의자에 앉아 힘껏 허리를 젖히며 바라본 창 밖, 태양이 마지막

빛을 한껏 뿌리며 마천루 아래로 내려가던 그 무렵,

"이 대리, 저녁 먹어야지?"

과장님의 무심한 한 마디에 주말 야근과 일요일 출근이 확정됐고, 그렇게 토요일과 일요일이 지나간 것이다.

297,230.

잔고를 다시 확인했다. 앞에 "1" 하나 쯤은 더 있어도 될 것 같은데… 너무 억울하다. 셀 수 없이 잦은 야근은 물론이고 친구들과의 주말 약속, 일요일 사회인 야구까지 모두 포기하며 좀비처럼 일한 대가가 297,230이라니.

몰려오는 허무감에 즐겨찾기에 등록된 야구용품 쇼핑몰에 접속해서 최고급 1루수용 글러브를 주문했다. 모임에 나가지 못한 대신 장비라도 사야겠다. 야구용 손목 보호대를 2+1으로 팔고 있다. 이것도 장바구니로. 난 합리적 소비자니까 이런 기회를 놓쳐선 안 된다. 이렇게라도 해야 지난 한 달 힘들게 일한 보상을 받을 수 있을 것 같았다.

97,230?

통장 잔고가 바뀌었다. 어디에 쓴 지도 모르겠는데 왜 또 이것밖에 없는 거지? 도통 모를 일이다.

영혼을 흔드는
마감 임박!

햇살이 노르스름했다. 창문에 반사된 하얀 빛은 고루 뿌려놓은 치즈 가루… 잘 튀겨낸 후라이드 치킨 같았다. 그리고 난 이 시간에 기적처럼 방 안에 앉아 있다. 해가 아직 하늘에 매달려 있을 때 내 방에 앉아 있다니! 눈에 보이는 모든 것이 낯설게 느껴진다. 침대 위 아무렇게나 널브러진 이불 사이로 허물처럼 벗어놓은 반바지와 티셔츠가 보인다. 언제 먹었는지 모를 냉동 만두 포장지와 반쯤 남아 푸르다 못해 거무튀튀해진 즉석밥이 식탁에 놓여있고 나는 그 앞에 앉아 TV를 켰다.

대청소를 해야겠군! 종량제 쓰레기봉투를 들고 눈에 보이는 쓰레기를 마구 쓸어 담았다. 바사삭 소리가 났다. 아, 오늘 저녁은 치맥으로 정해졌다. 보증금 1,000만 원에 월세 80만 원짜리 원룸이지만 나에겐 너무나도 소중한 이 보금자리에서 먹어야지!

잠만 자는 방 치고 좀 비싼 느낌이 들긴 했다. 그러나 소중한 내 차를 안전한 지하 주차장에 모실 수 있는 곳은 여기밖에 없으니 선택의 여지 따윈 없지 않은가.

침대 앞에 쭈그려 앉아 닭다리를 뜯으며 야구를 봤다.

"또 지는 거야?"

절로 맥주에 손이 간다. 얼마 전 주문한 글러브를 괜스레 끼어 본다. 왼손에 글러브를 끼고 오른손으로 맥주를 마시는 모습이 조금 우습다고 느껴지는 순간, 타자가 병살타를 치며 공수가 교 대된다.

"칫! 이깟 공놀이."

흥미가 뚝 떨어졌다. 채널을 이리저리 돌려본다.

"어?"

갑자기 채널 고정. 텔레비전 속으로 빨려 들어가는 느낌이다. 최고급 노트북이 79만 8천 원? 레이저 프린터까지 사은품으로! 프 린터가 필요한지는 모르겠지만 안 주는 것보다야 좋지 아니한가?

"와우!"

정확히 뭔지는 몰라도 9만 9천 원만 더 내면 프리미엄 팩을 살 수 있단다. 12개월 할부로 살 테니 기껏해야 한 달에 8천 원 남짓 더 내면 되는 거 아냐? 책상 위 노트북이 눈에 들어왔다. 취업 준 비생일 때 샀으니 5년 정도 됐나 보다.

"마감 임박!"

공습경보가 울리듯 요란스레 글자가 깜빡인다. 심장이 쿵쾅
댄다. 아무리 고사양 게임을 돌려도 컴퓨터가 씽씽 돌아간다는
멘트가 흘러나온다. 온갖 호들갑과 함께. 문득 지난 주에 게임을
돌리다 접속이 끊긴 기억이 난다. 노트북을 5년 썼으면 노인 학
대 수준 아냐? 그때쯤 ○○카드로 주문하면 무이자 할부가 가능
하다는 문구가 지나간다. 무언가에 홀린 듯 지갑을 뒤져 카드 더
미 속 ○○카드를 찾아 든다. 괜찮아, 다음달이면 청소기 할부가
끝나니까. 먼지가 뽀얗게 앉은 청소기부터 청소해야 할 판이지
만… 뭐 어쨌든… 괜찮다.

합리적 인간의 비합리적 선택. 그리고 자기 합리화

경제학에선 인간을 완벽하게 합리적인 선택을 하는 존재로 정의합니다. 소비에 있어서도 마찬가지지요. 사람들마다 매달 소비할 수 있는 예산은 정해져 있습니다. 경제학의 인간은 이 '한정된 예산' 하에서 '최대의 효용'을 얻기 위한 선택을 한다는 것이죠. 효용이란 소비자가 일정 기간 일정량의 재화나 용역을 소비함으로써 얻는 주관적인 만족도를 의미합니다. 여기서 한 가지 짚고 넘어갈 점! 효용은 주관적일 수 밖에 없습니다. 예를 들어 볼까요? 김치를 아주 좋아하는 사람은 김치 한 포기를 소비함으로 +10의 효용을 얻을 수 있는 반면, 김치를 아주 싫어하는 사람은 김치 한 포기를 소비하면 오히려 마이너스 효용을 얻게 될 수도 있습니다. 그렇다면 김치를 싫어하는 사람은 절대 김치를 소비하지 않는 것이 가장 합리적인 선택일 것입니다.

그러나 가끔 말도 안 되는 선택이 일어나지요. 김치라면 손사래를 치는 사람이 김치를 사는 경우 말이지요. 만약 이 사람의 김치 선호도가 극적으로 바뀌었다면 이해가 되지만, 사실 그런 경우는 거의 없습니다. 잘못된 선택을 했다고 보는 편이 더 타당하지요. 물론 이렇게 극단적인 사례는 잘 일어나지 않습니다. 자신이 김치를 좋아하는지 싫어하는지는 스스로가 너무나 잘 알고 있기 때문이죠.

그런데 이렇게 극단적인 경우가 아닌 상황에선 잘못된 선택이 번번히 발생합니다. 우리의 주인공이 멀쩡한, 더구나 잘 쓰지도 않는 노트북을 갖고 있어도 노트북을 구입하게 되는 것처럼요. 우리는 자본주의 사회를 살고 있습니다. 자본은 자신의 물건을 팔아야 해서 갖가지 방법을 동원합니다. 흔히 마케팅이라 부르지요. 우리의 주인공도 넋을 놓고 홈쇼핑을 보다 충동적으로 노트북을 구입합니다. 마케팅에 혹해서 순간적으로 노트북의 효용 가치를 잘못 판단한 겁니다.

이렇게 필요하지 않은, 즉 현 상황에서 효용이 높지 않은 상품을 구입하게 되면, 예산이 제한된 상황에서는 다른 재화의 소비를 줄일 수 밖에 없습니다. 결과적으로 '제한된 예산 하에서 최대 효용을 얻기'에 실패하게 되지요. 특히 이번 경우엔 카드를 이용했는데, 할부는 사실 대출과 마찬가지입니다. 대출을 받으면 순간적으로 예산이 늘게 되고 소비할 수 있는 재화의 양이 많아져서 더 많은 효용을 얻을 수 있지만, 결국에는 대출을 상환해야 하므로 다음달, 혹은 여러 달 동안 대출 받은 금액만큼 예산이 줄어듭니다. 미래에 누릴 효용을 조금 당겨 누릴 뿐인데 뭐가 문제냐고요? 안타깝게도 대출에는 이자가 있고, 원금과 이자를 모두 고려하면 전체 예산이 줄어 들어 결과적으로 일생 동안 얻을 수 있는 효용의 총량이 줄어듭니다.

명백히 잘못된 선택을 한 것이지요. 인간이 합리적이라면 이런 상황을 정확히 인식해서 노트북 구입을 취소하거나, 혹은 최소한 다시는 이런 실수를 하지 말아야겠다고 생각하겠죠? 그런데 그런 경우는 잘 없는 것 같습니다. 총 효용을 회복할 수 있는 아주 손 쉬운 방법이 있기 때문이겠지요.

바로 잘못된 소비에 대해 의미를 부여하는 것입니다. 주인공의 경우엔 게임을 끌어들여 의미를 부여했지요. 게임을 하다 한번 튕겼던 기억을 빌미 삼아 노트북을 사는 데엔 합당한 이유가 있었다고 스스로 위로하는 겁니다.

그런데 이건 결국 자기기만에 불과합니다. 당연히 새로 구입한 노트북에서는 본인이 억지로 부여한 효용을 얻지 못할 것이고, 얻을 수 있는 총 효용은 줄어들 것입니다. 줄어든 만큼의 효용은 노트북을 생산하고 판매한 자본이 가져가겠지요

스스로를 속이기보단 잘못된 합리화에서 벗어나 현실을 직시하는 것이 더 행복한 삶을 살 수 있는 방법이 아닐까요?

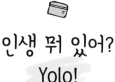

인생 뭐 있어?
Yolo!

눈부시게 찬란했다. 나의 주말과 일요일은.

월 마감이 끝났다. 상경대를 나왔다는 이유로, 경제학과인데도 회계부서에 배치 받았다. 전공필수로 들었던 악몽 같던 회계원리 수업이 평생 이어질 줄이야.

토요일엔 오랜만에 사회인 야구에 나갔다. 게임은 뛰지 못했다. 중요한 경기라나… 흠… 아무래도 상관 없다. '나는 사회인 야구도 하는 남자다'라는 것이 중요하니까. 그리고 거금 들여 구입한 1루수용 글러브는 예상처럼 모두의 시선을 사로잡았다.

"게임도 잘 못 뛰면서 그런 글러브가 필요해?"

칫! 부러우면 부럽다 할 것이지. 이건 분명 날 시기하는 말이다. 질투 어린 눈빛을 분명히 느꼈다.

일요일에는 근 1년 만에 대학 동기를 만났다. 내 연봉은 이 친구보다 무려 300만 원이나 높다. 상대적 우월감 같은 것이 들었다. 이 친구는 정년과 연금을 보장받는 공무원이지만 그런 건 잠시 외면하기로 했다. 어쨌든 기분이 좋았다. 또 다른 친구가 들어오기 전까지.

툭. BMW 로고가 박힌 차 키를 무심하게 테이블 위에 던지며 보란 듯한 미소로 내 앞에 앉았다. 30미터 앞에서도 보일 법한 큼직한 로고가 박힌 명품 선글라스도 끼고 있었다. 실내가 이렇게 어두운데 선글라스라니. 적외선 카메라 기능이라도 있나 보다.

"야! 어? 뭐 그렇게 바빠? 어? 어? 야, 뭐 시간 없어도 한번씩 보고 그래야지! 어? 어?"

대학 시절 나의 베스트 프렌드. 나보다 일 년 먼저 취업한 친구. 나보다 연봉이 200만 원 정도 높다. 반갑긴 한데… 내뱉는 말마다 내 가슴을 후벼 판다.

이 친구는 얼마 전 하와이를 다녀 왔단다. 작년 가을엔 호주도 갔다 왔다나? 차는 외제차다. 얼마 차이 난다고 국산 차를 타냐고 한다. 연봉 200만 원 차이가 이렇게 큰가? 왠지 모르게 주눅이든다. 그 친구의 마지막 말이 아직도 내 귓등을 때린다.

"인생 뭐 있어? 어? 어? 즐기는 서시! 지금 아니면 어? 언제 이렇게 해 보겠어! 야! 그 쥐꼬리 만한 월급 모아서 뭐하게? 집 사게? 어? 어? 언제? 어? 즐기는 거야. 어? 욜로 몰라? 욜로! 어? 어?

욜로야, 욜로!"

간만에 유쾌한 일요일이었는데 문득 내일이 월요일이라는 생각이 들었다. 우울하군.

욜로라, 욜로. 욜로라….

욜로!(YOLO!)

욜로! 많이 들어 보셨죠?

"Your Only Live Once"의 앞 글자를 따서 만든 단어로 현재 자신의 행복을 소비의 가장 큰 목적으로 두는 태도를 말합니다. 미래 또는 남을 위해 희생하기보다 지금의 행복을 중시하는 라이프스타일이지요. 욜로라는 말이 대중화된 것은 2011년 래퍼 드레이크가 발표한 〈더 모토〉의 노래 가사에 등장하면서입니다. 하지만 미래에 대한 투자보다는 오늘에 집중하려는 20~30 세대의 가치관이 욜로 문화로 나타났다고 보는 시각도 있지요. 저성장 시대가 도래하면서 아끼고 모아 부자가 되는 시대가 끝났다 생각하며 지금 가진 것으로 현재의 삶이라도 풍요롭게 만들겠다는 태도지요. 모아놓은 목돈으로 전셋집을 구하는 대신 세계여행을 간다거나, 적금을 깨서 갖고 싶던 취미 용품을 산다거나 말이에요.

와우~ 엄청 멋지네요! 확고한 가치관과 철학을 바탕으로 현재에 충실한 삶을 살면서 앞으로도 그런 생활이 쭉 이어질 수 있을 만큼 준비도 해두었다면 말입니다. 미래는 언젠가 현재가 될 것이고, 현재가 되어버린 미래에도 여전히 행복을 위해 소비할 능력이 있다는 건 정말 근사하지 않나요?

그런데 조금 전 친구가 외친 욜로는 진정한 욜로는 아닌 것 같네요. 자신의 삶에 대한 진지한 고민의 결과로 욜로를 선택하기보다는 자신의 무분별한 소비를 트렌디한 단어로 포장하는 것에 불과하니까요.

자본은 달콤하게 우리를 유혹합니다.

"그냥 현재를 즐겨, 즐기라고! 내 물건을 사! 어서 사란 말이야! 그래서 네 주머니 속 돈을 어서 내 주머니로 옮겨줘! 어차피 미래는 암울하고 모두가 행복할 순 없어. 네가 지금 그 돈 모은다고 미래가 바뀌겠어? 말도 안 되는 소리지! 그러니 네 주머니를 털어 내 미래라도 행복하게 해줘! 네 미래? 그건 내 알 바 아니고."

여기에 넘어가 자신의 미래를 욜로대신 골로 보내고 있을 뿐이죠.

그러니 여러분, 오해하시면 안돼요. 진정한 욜로는 지금의 삶만 즐기는 것이 아니라 미래에도 풍요롭게 살 준비가 되었을 때 누릴 수 있는 삶이에요. 그러니 모두가 진정한 욜로를 즐길 수 있기를 바랍니다.

인생을 즐기는
나란 남자!

"푸악!"

한 모금 머금었던 커피가 스프레이처럼 뿜어져 나왔다. 새로 산 노트북 화면이 축축해졌다.

"에이, 오늘 개시한 건데!"

황급히 물 티슈를 뽑아 모니터를 닦았다. 화면 속엔 욜로를 외치던 그 친구의 사진이 있었다. 고깃배처럼 생긴, 아니 아무리 봐도 고기잡이 배가 분명한 배 위에서 스킨스쿠버 장비를 한껏 갖춰 입고 뱃전에 걸터앉아 있었다. 앙다문 입과 불끈 쥔 주먹이 돋보였다. 그 모습도 우스웠지만 더 가관인건 그 밑의 글귀였다.

욜로

욜로 '나란 남자'

얼씨구? 나란 남자? 아, 어이없다, 나란 남자? 크크크. 그 밑엔 이런 태그가 붙어있다.

#태평양 #바닷속 여행 #나를 찾아 떠나는 모험 #스킨스쿠버를 즐기는 나란 남자

미치겠다. 덧글이 제법 있었다. 왠지 궁금했다.

"오~ 박 대리! 멋있어~"
"푼돈 모아 푼돈이야, 지금을 즐겨!"
"나도 간다 하와이~~"
"선배, 정말 인생을 즐길 줄 아는 선배가 너무 멋져요. 나도 욜로@@"

이게 다 뭐야. 진심인가? 진짜?

하긴 난 직장생활 4년 동안 한 번도 해외여행을 가 본 적이 없는데… 마냥 우습던 친구의 모습이 이상하게 점점 부러워진다.

나는 뭘 했지? 죽자고 일만 했는데. 저렇게 즐길 줄도 알아야 되는 것 아닐까? 머리가 조금 혼란스러워졌다. 여건만 된다면 나도 저렇게 즐기고 싶은 게 아닐까? 지금은 여건이 안 되니 비참해지기 싫어서 그 친구만 만나면 기분이 상하는 것 아닐까?

모르겠다. 몸을 던지듯 침대에 누워 닌자 표창을 날리듯 TV 리모컨을 눌렀다. 배낭을 맨 젊은 남녀가 행복한 표정으로 지중해 해변을 달리다가 갑자기 알프스 산맥을 넘더니 에펠 탑을 배경으로 우아하게 와인 한 잔!

"힘든 일상은 잠시 내려 놓으세요. 여러분을 찾아 떠나는 여행, 어떠세요? 너희 카드와 함께!"

카드와 함께~ 카드와 함께~
욜로야, 욜로~
카드와 함께~~

광고 멘트와 친구의 말이 오버랩되어 귓가를 맴돈다.

욜로.

인생 뭐 있어.

즐기는 거야.

가고 싶다.

가고 싶다.

가자.

그래 가자.

가자, 가자, 가자!

나도 간다~ 나도 가는 거야! 바로 나를 찾아서!!

참 아름다운 세상이야!

있어빌리티를 아시나요?

있어빌리티. 들어보신 분도 있고 처음 듣는 분도 계시지요? 있어 보이고픈 욕망은 사람이라면 누구나 조금씩 갖고 있을 겁니다. 그래서 최대한 '있어 보이게' 사진을 찍어 SNS에 올리는 능력(?)을 '있어빌리티'라 부릅니다.

그런 증상이 사진으로만 끝나면 그래도 다행인데 가끔은 능력 밖의 고가의 물건까지 충동적으로 구매한다는 데에 문제가 있지요. 왜 그런 것 있잖아요? 가격이 비쌀수록 물건이 잘 팔리는 기이한 현상?

이것을 경제학에서는 '베블런 효과'라고 부릅니다. 소비재의 가격이 상승하는데도 오히려 수요가 증가하는 현상을 의미합니다. 미국의 경제학자이자 사회학자인 베블런이 1899년 자신의 저서인 《유한계급론》에서 소개한 개념이지요. '과시적 소비'라고

도 합니다. 이런 비합리적 소비가 발생하는 이유를 경제학자들
은 이렇게 설명합니다.

베블런

예전에는 사회적 지위와 부가 거의 일치했습니다.
그런데 산업 혁명이 일어나면서 사회 지위가 높지
않은 사람들도 부를 축적하게 되었고, 부와 사회 지
위가 분리되는 현상이 일어나지요.
그런데 이 '부'라는 것이 상당히 은밀한 것인지라,
내 계좌에 찍힌 숫자를 보여 주지 않는 한 내가 가
진 부의 수준을 알리기가 상당히 힘듭니다. 그래서
부자들은 자신의 부유함을 알릴 수단으로 과시적 소
비를 택합니다(고가의 차, 집, 시계, 가방 등).
그런데… 이게 먹혀요! 사람들은 소비 수준을 보고
사회 지위를 판단하더라는 것이죠. 그러자 부유하진
않지만 있어 보이고픈 사람들이 이런 소비를 따라
하게 되었습니다.

즉 베블런 효과는 나의 소비가 나의 능력을 대변하는 세상, 그
런 조건 속에 나타난 비상식적인 현상입니다. 인정받고 싶어 하
는 욕구는 자연스러운 것이겠지요. 그러나 그 욕구가 여러분들
이 진짜 부자, 진짜 인정받을 수 있는 사람이 되는 것을 방해한다
는 것을 기억하세요. 그리고 누군가는 여러분의 욕구를 이용해
돈을 벌고 있습니다. 여러분들의 미래를 갉아 먹으면서요.

있어빌리티! 그보다는 '진짜 있는 사람'이 되었으면 좋겠습니다.

일상 탈출,
유럽 여행!

일이 끝이 없다. 일, 일, 일….

회계 부서의 숙명인가. 매월 마지막 주엔 거의 집에 가기도 힘들다. 이건 시스템 문제다. 우리 회사 전산이 너무 구닥다리라는 거다. 이럴 거면 뭐 때문에 전산이 있는 거야? 한 달치 자료를 다 뽑아서 일일이 확인해야 된다니! 멍석말이 당하듯 출력 용지에 돌돌 말린 내 멘탈에 마구 숫자가 날아와 때린다.

조금만 버티자. 일주일 후엔 열흘간 유럽 여행을 떠난다! 커피를 쭉 들이킨다. 나에게 커피는 마약과도 같다. 이걸 마셔야 정신이 드는 느낌?

그 정도 보상은 받아야지! 일하는 이유가 뭐겠어? 그러려고 일하는 거 아냐?

혼잣말이 나왔다. 사실 마음 속에선 이래도 되나, 하는 불안감이 조금 올라온다. 두더지 게임의 두더지 같다. 어디선가 친구가 욜로를 외치며 나타나 망치로 내려친다. 두더지처럼 올라온 일말의 불안감이 "아야!" 소리를 내지르며 도로 내려간다.

핸드폰으로 열심히 유럽 여행 정보를 검색했다. 눈앞에 지중해 해변이 쫙 펼쳐진다. 뜨거운 햇살을 받으며 뒹굴뒹굴하는 모습! 이탈리아의 피자는 얼마나 맛있을까? 독일은 소시지지! 소시지와 함께 맥주 한 잔! 와우! CF 속 그 모습이 떠오른다. 남자의 얼굴이 내 얼굴로 바뀌어 있다. 마지막 3일간은 파리 자유여행! 이번 여행의 백미다. 멀리 에펠 탑이 보이는 카페에서 우아하게 에스프레소 한 잔을… 온갖 상상에 젖어본다. 상상만으로도 행복하다!

이때를 위해 DSLR을 새로 구입했다. 최신식이다. 뭐, 카메라는 잘 모르지만 최신식이라 했다. 일단 크기가 작으니 맞는 것 같다. 마구 사진을 찍어서 SNS에 올려야지! 흐뭇하다. 날 부러워할 친구들 모습에 기분이 좋다.

바로 그때 휴대폰 액정 화면에 메시지가 뜬다.

이 대리, 어디야? 빨리 들어와.

알겠어요, 부장님. 오늘은 특별히 욕 안 할게요. 남은 커피를 쭉 들이킨다. 서쪽 하늘을 붉게 물들인 노을이 아름다워 보인다.

인간은 과연 합리적인 동물일까요?

"인간은 합리적 동물이다!"

전통적인 경제학은 모두 이 가정에서 출발합니다. 사회에 존재하는 모든 사람은 항상 제한된 예산 하에서 효용을 극대화하는 선택을 한다는 뜻입니다. 소비자는 재화나 서비스를 구매할 때, 생산자는 재화나 서비스를 생산·판매할 때, 자신이 가진 자금 안에서 가장 높은 효용을 얻을 수 있는 선택을 하는데, 이런 경제적 선택이 모여 수요와 공급을 형성하고, 그 둘이 만나는 지점에서 사회적으로 가장 효율적인 시장 가격과 수요, 공급이 결정된다는 것입니다. 그런데 이 가정이 항상 옳을까요? 그런 것같진 않습니다. 사실 우리는 종종 너무나 비합리적인 선택으로 말도 안 되는 소비를 하니까요.

[경제학에서 가정한 인간] [현실적인 인간]

　그래서 이 절대적 가정을 정면 부정하고 "인간은 절대 합리적 동물이 아니다!"라고 외치며 등장한 경제학이 있습니다. 바로 행동경제학이에요. 행동경제학은 인간의 실제 행동에 주목해서 그 행동을 하게 된 동기를 연구하는 학문입니다. 하버트 사이먼에 의해 주창된 학문으로 연구가 시작된 지 30년 정도밖에 되지 않았지요. 2017년 노벨 경제학상 수상자이자 세계적 베스트셀러 《넛지》의 저자인 노버트 틸러도 행동경제학자입니다. 그러니 요즘에 급 부상하는 분야라 할 수 있습니다. 참 합리적인 학문 같지요? 그런데 문제는 이것을 마케팅과 연결한다는 것입니다.

　예를 들어 볼까요? 카네만과 트버스키의 실험으로 입증된 '닻 내림 효과'라는 것이 있어요. 바다에 떠있는 배가 닻을 내리면 닻이 닿은 지점을 중심으로 그 주변만 맴돌게 되지요. 사람이 정보를 받아들일 때도 똑같다고 해요. 처음 접한 정보를 기준으로 전체를 판단한다는 이론입니다.

그래서 명품 숍에서는 최고가의 가방 앞에 눈에 확 띄는 가격표를 붙여 놓지요. 500만 원! 그 가방을 팔려는 것이 아니에요. 가격이 500만 원 이하인 가방은 그다지 비싼 게 아니라고 착각하게 만들려는 것입니다.

5,000,000원

뿐만 아니라, 매장 안에서 사람들이 어떻게 움직이는지도 면밀하게 파악합니다. 그렇게 관찰한 동선을 바탕으로 상품을 진열하지요. 한번쯤 그런 경험 있지 않으세요? 대형마트 계산대 앞에 줄을 섰는데 옆에 진열된 초콜릿이나 껌이 눈에 띄어 나도 모르게 손이 갔던 적 말이에요.

물론 기업은 자사 물건을 팔아야 합니다. 그것이 기업의 본분이지요. 그런데 세상에는 꼭 필요한 물건만 생산되는 것이 아닙니다. 너무 많은 상품이 쏟아져 나오고 있어요. 그러니 기업도 경쟁이 붙을 수밖에요. 가격을 낮추고 품질을 높여 자신의 상품이 선택 받게 하려고 노력하지만, 그다지 필요 없는 물건에 가치를 입혀 비싸게 파는 전략을 택하기도 합니다. 앞서 살펴본 '베블런 효과'를 노리는 것이지요. 가장 극적으로 구현해 낸 형태가 바로 명품 브랜드화 전략입니다. 그 브랜드를 소유하는 것 자체로

타인에게 능력을 어필할 수 있다고 우리를 세뇌시키는 것이죠.

전략은 무궁무진합니다. 요즘에는 뇌 과학까지 동원한다고 하네요. 뇌 MRI를 촬영해 보니 카드로 소비를 하면 현금으로 소비를 할 때 보다 괴로움을 덜 느낀다는 연구 결과가 있을 정도지요. 무시무시한 세상이에요. 자사 물건을 소비하도록 우리를 집요하게 공격하고 있습니다. 그래서 결국 우리 영혼이 탈탈 털리면 우리 지갑까지 탈탈 털리게 되지요. 우리 주인공처럼요.

그런데 여러분, 기업이 과연 우리 미래에도 관심을 가져줄까요? 전 그저 우리 주머니 속 돈에만 관심 있을 것 같다는 생각이 드네요.

나를 찾아
떠난 여행

빛나는
에펠 탑?

"엑스뀌제 모아, 보트흐 꺄흐트 아 에떼 허퓨제, 보트흐 꽁뜨 네 빠 쉬피자멍 아프호비지오네."[1]

누군가는 외국인이 말을 걸면 머리에서 물이 뿅뿅 뿜어져 나오는 기분이라던데 지금 내게도 그런 일이 일어났다. 영어라면 어떻게라도 비벼 보겠는데….

멀리 에펠 탑이 보이는 프랑스의 한 슈퍼마켓이었다. 신용카드를 손에 쥔 채 양손을 엇갈려 X자를 그린 점원이 미심쩍은 눈으로 나를 쳐다본다.

"텐 유로, 텐 유로!"

----

[1] "Excusez-moi, votre carte a été refusée, votre compte n'est pas suffisamment approvisionné." ("죄송합니다. 카드 한도가 다 차서 결제가 안 되네요.")

점원이 답답하다는 듯 소리쳤다. 지갑을 뒤져보니 산더미 같은 카드 영수증 사이로 10유로 한 장이 수줍게 고개 내민다. 전 재산이었다. 이젠 완벽한 거지다. 마지막 돈을 그렇게 쓰고 싶진 않았다. 그러나 차마 말할 수 없었다. 난 프랑스어를 전혀 모르니까….

캔맥주를 손에 들고 에펠 탑이 보이는 벤치에 털썩 앉았다.

"한도가 다 찼다는 거야? 그게 말이 돼?"

살짝 불안했던 건 사실이다. 그래도 설마, 하는 생각에 나 몰라라 긁어댔는데… 이런 사달이 날 줄이야. 더 끔찍한 건 귀국까지 아직 이틀이나 남았다는 것이다.

이번 여행은 솔직히 거지 같았다. 시작은 좋다. 한국을 떠나 열흘이나 유럽을 여행할 수 있는 내 자신이 뿌듯했다.

애당초 떼어둔 경비 따윈 없었다. 그런데 때마침 온라인은행이란 것이 생겨났고 무려 300만 원을 조건 없이 간편 대출을 해준다는 게 아닌가? 나이스 타이밍! 하늘도 나의 여행을 축복해 주는 듯했다.

"이 정도면 됐어! 부족한 건 카드로"

그렇게 떠나왔다. 그런데 공항에 내린 후로는 훈련소 떠나 자대 배치 받는 병사처럼 버스에 실린 채 여기저기 끌려 다녔다. 내리라면 내리고 타라면 타고 쓰라면(?) 썼다. 10일간 5개국 여행은 애초부터 무리였다. 그래도 대미를 장식할 3일간의 파리 자유

여행이 있었다. 파리지엥의 삶! 그게 정확히 뭔지는 모르지만 아무튼 항상 그려왔던 것이고 그 삶을 직접 한번 누려보자던 꿈을 실현할 수 있을 것 같았다. 그런데 현실은 비극이었다.

카드 한도도 없다. 돈도 없다. 한국에 돌아가도 날 기다리는 건 엄청난 카드대금과 대출 300만 원, 산더미 같은 업무와 '널 잡아먹고 싶어 죽을 뻔 했어'라는 표정으로 날 반겨줄 부장님뿐이었다. 엄청난 후회가 몰려왔다.

"저까짓 고철 덩어리나 보려고 여기까지 왔단 말이야?"

저 멀리 에펠 탑이 빛나고 있었다.

선배를
만나다!

'30대 한국인. 프랑스 호텔서 변사체로 발견. 굶어 죽은 듯.'

이런 뉴스가 나올 것만 같았다. 지난 밤 전 재산을 맥주로 바꿔 먹은 나에게 앞으로 허락된 이틀간의 식량은 호텔 조식뿐이었다.

그래, 일단 오늘 아침 배터지게 먹자, 그렇게 하루를 버티고 내일 아침 또 배터지게 먹자, 그리고 공항까지 걸어서 가보자, 라고 생각했다. 물론 불가능하단 건 알고 있었다. 그러나 다른 방법도 없었다.

그런데 눈을 뜨니 11시였다. 이틀간 허락된 단 두 번 기회, 내 배를 채울 수 있는 그 귀하디 귀한 기회 중 한 번을 이렇게 허무하게 날려먹은 거다. 속은 쓰리고 머리는 깨질 듯 아프다. 빈속에 안주도 없이 맥주만 들이켰으니 그럴 만도 하다. 설상가상 새벽에는 종일 먹은 것을 깨끗이 비워냈다. 마지막 위액 한 방울까지 다 뱉어낸 거 같다.

관광? 파리지엥? 그딴 건 이미 내 머릿속에서 사라진 지 오래다. 최대한 몸을 움직이지 않아야 한다. 그래야 아침까지 버틸 수 있다.

그렇게 저녁 7시가 되었다. 옛날엔 굶어 죽는 사람이 많았다지. 머리로는 알았지만 마음으론 이해할 수 없던 얘기였다. 그러나 사람이 굶어 죽을 수도 있다는 것을 생전 처음 깨달았다. 혹시? 바닥에 떨어진 빵 부스러기라도 주워먹자는 생각에 시선을 바닥에 꽂은 채 호텔 로비로 내려갔다. 바닥만 보고 걸었다. 그러나 그딴 것이 있을 리가 없었다. 상상 이상으로 말끔한 호텔이었다.

소파에 털썩 주저 앉았다. 힘이 없어서인지 뒤로 몸이 절로 넘어간다. 배영을 하듯 천장을 바라보았다. 썰물처럼 기쁨이 물러난 자리에 밀물처럼 후회가 몰려왔다. 왜 그랬을까? 시간을 돌릴 수만 있다면! 욜로? 욜로라고? 염병이다. 한국의 내 방에서 곰팡이가 피어 쓰레기통으로 들어간 즉석밥들이 생각났다. 미안했다, 즉석밥들아. 지금 내 눈앞에 있다면 그거라도 손으로 퍼먹을 것만 같았다.

"야. 거지냐? 밥은 먹었냐?"

갑자기 들려오는 한국어에 스프링처럼 몸을 일으켰다. 50대 중반으로 보이는 한국인 남자가 서 있었다.

"일단 밥부터 먹자, 따라와."

살았다! 누군진 모르지만 생명의 은인임은 분명하다. 근데 왜 처음부터 반말이지, 날 언제 봤다고? 혹시 회사 선배인가? 왠지 낯이 익다.

퇴직 VS 은퇴

"나한테도 그런 친구가 있어. 아니 있었다고 해야 되나? 연락 안 된 지 일 년이 다 되어 가니깐."

생명의 은인 님의 손에 이끌려 한 식당에 들어왔다. 일단 물부터 들이켰다. 내 모양새가 아주 한심하다는 듯한 그분의 눈빛이 느껴져 욜로를 외치던 내 친구 이야기를 했다. 사실 난 이럴 생각이 없었는데 그놈 때문에 혹해서 여행을 왔고 그래서 지금 요 모양 요 꼴이 되었다고 둘러대던 참이었다.

"그놈도 항상 입버릇처럼 인생 뭐 있냐를 외쳤지. 통장에 돈 남아있는 걸 못 견디던 친구였어. '통장에 돈이 묻어있네? 돈은 카드로 지우면 깨끗이 지워지지'라는 말도 늘상 했지."

돈은 카드로 지우면 깨끗이 지워진다? 난 너무 빡빡 지우다 빵꾸가 난 상황이구나, 생각했다.

"같은 날이었어, 우연찮게도 그 친구랑 내가 회사를 그만둔 날이 정말 우연히도 같았어. 회사는 달랐지만. 그날 참 햇살이 좋았다. 3년 전 그날 말이야, 회사 로비 회전문을 지나서 밖으로 딱 나왔을 때 날 비추던 햇살은 내 앞날을 축복하는 듯했거든. 그런데 그 친구한테도 그랬을까? 똥 씹은 표정을 조금도 숨길 수 없게 하는 빌어먹을 햇살이었을 지도 몰라, 그 친구에게는."

빌어먹을 햇살이라. 오늘 아침 창을 통해 들어온 햇살은 너무나도 눈부셨다. '여기 보세요. 프랑스까지 와서 거지가 된 채 굶어 죽을 사람이 여기 있어요' 라고 온 세상 사람들에게 알려 주는 듯, 충분히 빌어먹을 만했다.

"그런데 우리 둘의 차이가 뭔지 알겠나?"

"잘 모르겠습니다, 선배님."

"난 은퇴를 한 거고 그 친구는 퇴직을 당한 거지."

"예?"

"손꼽아 기다려왔던 날. 더 이상 내가 내 '노동 자본'에 기대지 않아도 이 자본주의 세상에서 살아갈 수 있게 된 날, 정말로 기다리고 기다려온 날이었지. 적어도 내게는. 그런데 그 친구한텐 말이야, 그나마 갖고 있던 '노동 자본' 마저 완전히 사라진 날이었지. 은퇴와 퇴직은 달라."

노동 자본? 그건 또 뭘까? 도통 알 수 없는 말이다. 어쨌든 더이상 일을 하지 않더라도 살 수 있다는 건 너무나 부러운 일이었다.

"부럽습니다, 선배님."

물려받은 돈이 많으신가? 아님 연봉이 몇 억 되시는 거 아닌가? 내 쥐꼬리 같은 월급으론 꿈도 못 꾸겠지? 아님 로또? 아! 로또에 당첨되신 건가?

"너도 그렇게 '은퇴'할 수 있어. 내 나이가 되기 전에."

"정말이요? 근데 저는 월급도 얼마 안…"

"시끄럽고. 밥이나 먹어!"

나이스 타이밍에 식사가 나왔다. 눈물이 날 지경이었다. 맛있는 냄새가 코를 통해 뱃속까지 전해지자 화답이라도 하듯 꾸르륵 소리가 터져 나왔다. 부끄러웠다.

"잘 먹겠습니다, 선배님. 그런데 아까 그 친구분은 어떻게 되셨나요?"

"밥부터 먹으라고!"

허겁지겁 포크로 스파게티를 끌어다 그대로 입에 집어넣었다. 우아하게 스푼 위에 돌돌 감아 먹는 것은 사치였다. 말 그대로 굶어 죽기 직전이었으니까.

"지금 네 꼴 하고 있겠지, 그 친구는."

쭉 빨아들인 스파게티가 목젖을 탁 치며 기침이 나왔다. 그분도 그렇게 비참한 꼴이 되셨단 말인가?

부자 흉내 놀이는
이제 그만!

"그런데 선배님, 노동 자본? 그게 뭔가요?"

저녁 식사 후 여름 바람이 살랑대는, 어제는 분명 고철 덩어리로 보였던 에펠 탑이 아름답게 빛나는 바로 그 벤치에 앉아 선배님께 질문했다.

"너 얼마나 있어, 지금. 너 하나도 없지?"

갑자기 돈 얘기를 하신다. 설마 돈을 줘야 알려주겠다는 건 아니겠지?

"예… 하나도 없어요."

"그래. 날 안 만났으면 밥은 어떻게 먹으려고 그랬냐?"

"굶었겠죠."

"그래, 그거야."

뭐가 그거라는 것인지…. 아사 직전에 스파게티를 먹여 주신

아주 고마운 분이지만 알 수 없는 말을 많이 하시는구나, 생각
했다.

"돈이 없으면 밥을 못 먹지. 그렇게 열흘만 굶어봐라, 세상 하
직하는 거지."

"예?"

"돈 없이는 살 수 없는 세상이라는 거야, 이 놈의 세상은. 근데
넌 모아놓은 돈 한 푼 없는 놈이 프랑스까지 여행을 왔어. 그게
어떻게 가능할까?"

"대출 받고 카드 쓰고…."

"대출까지 받았어? 생각보다 더 심각한 놈이군. 여기까지 와
서 거지 행세하려고? 참나. 아무튼, 그럼 은행은 왜 너한테 돈을
빌려줬고 카드사는 왜 너한테 카드를 발급해줬을까?"

"그야… 일해서 갚을 수 있으니까요."

"그래, 바로 그게 노동 자본이야."

"예?"

"일을 하면 돈을 벌겠지? 그걸 월급이라고 부르지 않나? 다른
말로 노동 자본인 거야."

"아! 그렇군요."

"그런데 그거 참, 대출밖에 없는 놈이 부자 흉내 한번 제대로
내고 있고만."

"제가 부자 흉내를 낸다고요?"

"그럼, 그게 부자 흉내지. 노동 자본이 아니라 진짜 자본을 가진 사람들이 즐기고 누리고 하는 그런 삶. 그거 부러워하는 사람들이 많지. 그래서 자기 월급, 노동 자본을 다 탕진하면서 부자 흉내 내는 사람이 세상엔 정말 많아. 네 친구 있지? 대표적인 부자 흉내쟁이지. 그리고 넌 바보처럼, 진짜 부자도 아니고 부자 흉내 내는 사람이 부러워서 이렇게 열흘씩이나 유럽 여행을 온 거 아냐? 부자 흉내 내는 사람을 부러워하는 사람, 그게 너라고."

내 베스트 프렌드. 틈만 나면 해외 여행 가는 그 친구. 그래, 난 부러웠던 거다. 그런데 생각해 보니 그 친구도 '진짜 돈'은 없는 녀석 아니던가? 바보 같이 그걸 따라 하려고 내 노동 자본을 담보 잡히고 이렇게 먼 곳으로 놀러 왔구나⋯ 이렇게 거지 행세나 하려고 말이다.

"언제까지 일할 수 있을 거 같나?"

생각해 본 적이 없었다. 일을 그만두고 싶다는 생각은 많이 했지만 회사를 그만둬야 될 때가 오리라는 생각은 해 본적이 없었다.

"시간이 많지 않아. 이제 그 흉내 놀이는 이쯤에서 그만둬라."

나의 노동 자본은 얼마일까요?

'임금 노동'이라는 말이 있습니다. 노동력을 제공 받은 자본이 그 대가로 임금을 제공하는 것을 뜻하지요. 이 개념을 발전시켜서 우리는 '임금을 받기 위해 제공할 수 있는 노동력'을 '노동 자본'이라 표현하기로 합시다. 자본주의 사회를 살아갈 때 필요한 자본은 물질 자본, 즉 '돈'이 있지요. 그러나 우리는 그 '돈'이 충분하지 않더라고 이 자본주의 사회에서 아무 문제없이 살아갈 수 있습니다. 일을 해서 벌면 되니까요. 그러니 돈을 벌기 위해 노동자가 가진 유일한 수단인 '노동력' 또한 자본이라 표현할 수 있고, 정리해서 '노동 자본' 이라고 부르기로 합시다. 쉽게 말하면 '여러분의 노동이 갖는 가치를 돈으로 환산한 값'이라고 할 수 있습니다.

여러 방법이 있겠지만 여기서는 연봉만큼 벌려면 은행에 얼마나 예금해두어야 하는지를 통해 계산해 볼까요? 은행에서 매년 연봉만큼의 이자가 나온다면 당장 일을 그만두거나 진정한 자아성취를 위해서만 일하면 되겠지요. 그런 꿈 같은 미래를 위해 현실적인 계산에 들어가 봅시다.

은행 이자가 2%이고 연봉이 3천만 원이라면 노동 자본은 얼마일까요? 은행 이자로 3천만 원을 받으려면 '15억 원'을 예금해두어야 합니다.

15억 × 2% = 3천만 원

이것이 바로 연봉 3천만 원을 받는 직장인의 노동 자본 가치입니다. 아! 세금은 고려하지 않기로 해요. 여러분이 받는 월급에도 세금이 포함되어 있으니까요.

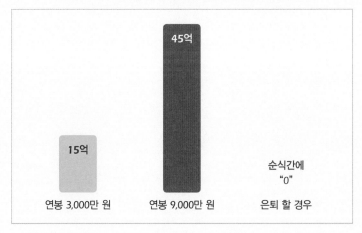

이자율 2% 일 경우 연봉 만큼 필요한 예금 액 〈노동 자본의 크기〉

45억

15억

순식간에
"0"

연봉 3,000만 원 　　　 연봉 9,000만 원 　　　 은퇴 할 경우 그렇다면… 연봉 9천만 원인 부장님의 노동 자본은 얼마나 될까요?

45억 × 2% = 9천 만 원

무려 45억 원입니다. 부장님이 더 부자처럼 보인 것은 괜한 착각이 아니었지요.

그런데 노동 자본에는 치명적인 문제가 하나 있습니다. 퇴직을 하면 순식간에 '0원'이 된다는 것! 아무래도 뭔가 대책이 필요해 보이지요?

황금알을 낳는
메추리

"그 친구, 참 안타까워. 회사 일은 정말 열심히 했거든. 황금알을 낳는 메추리가 영원할 거라 생각한 거지."

저 멀리 야외 테라스에 모여 앉은 사람들이 에스프레소 한 잔의 여유를 즐기고 있었다. 내가 그리던 파리지엥의 삶이 저기 있다. 그런데 지금 우리는 슈퍼마켓에서 산 야구르트를 마시고 있다. 그것도 벤치에서. 이 마당에 황금알을 낳는 메추리는 또 뭐란 말인가?

"매달 황금알을 하나씩 낳는 메추리가 있어. 너한테 그게 있다면 어떻게 할래?"

나도 그런 거 하나 있었으면 정말 좋겠다!

"엄~~~청 잘 해 줘야죠!!"

"그렇지? 밥도 주고 물도 주고 똥도 치워주고 청소도 해주고,

혹여 아플까 행여 다칠까 온갖 신경 다 쓰고, 그렇지? 밤낮 없이 삐엑~거려도 후다닥 달려가서 이분이 왜 이러시나 들여다보고 그럴 거야. 그러다 알 낳을 때가 되면 또 노심초사, 혹시 이번엔 안 낳으면 어쩌나 긴장하겠지."

"아마도요."

"그게 직장생활이야. 매달 때 되면 월급 주잖아? 그것 때문에 아무리 힘들어도 참고 일하는 거 아닌가?"

맞다. 월급이 아니었으면 진작에 때려치웠을 직장생활이다.

"그 친군 메추리가 천년만년 황금알을 낳을 거라 생각한 거야. 회사 생활? 엄청 열심히 했지. 그래서 돈을 더 썼는지도 몰라. 일종의 보상심리? 어쩌면 자기가 진짜 부자라고 착각했을지도 모르고. 그 친구 메추리는 알이 좀 컸거든. 자기는 충분히 능력 있고 누릴 자격도 있다고 생각했겠지. 그런데 말이야…."

그런데?

"그 메추리가 갑자기 죽어버렸어. 아무리 잘 돌봐도 늙어 죽는 건 어쩔 수 없거든."

메추리가 늙어 죽었다? 그것도 갑자기?

"저기 파리지엥 놀이하는 사람들 보이나? 에스프레소를 홀짝거리면서. 여행객들 같은데, 행복해 보여?"

물론이다. 내가 꼭 해보고 싶었던 것이기도 했다.

"예, 좋아 보이는데요?"

"근데 저들 중 몇 명이나 지금 같은 생활을 유지할 수 있을 것 같나? 지금 말고, 나중에 자기들 메추리가 죽었을 때 말이야."

아무 말도 할 수 없었다.

"대부분은 내 친구처럼 될 거야. 지금은 자신의 운명을 모르겠지…."

아… 내 메추리가 죽고 나면 난 어떤 모습으로 살고 있을까? 눈앞의 이 선배는 어떻게 메추리가 죽은 후에도 메추리가 살아 있는 것처럼 살고 있는 걸까? 그런데 또 다른 궁금증이 일었다.

"근데 선배님, 왜 메추리인가요? 보통 거위라고 하지 않나요? 황금알 낳는 거위요."

"거위 알은 너무 크잖아. 그만한 월급 받는 사람은 별로 없어."

내 월급엔 어떤 의미가 있을까?

우리는 열심히 일하고 월급을 받습니다. '한 달간 수고한 대가니까 지금의 나를 위해 다 써도 돼!' 라고 생각할 수도 있습니다. 그런데 이제는 아시죠? 여러분의 노동 자본은 언젠가 '0원'이 된다는 것을요. 대부분의 사람들에게 월급은 노동 자본을 진짜 자본으로 바꿔주는 유일한 매개체입니다.

이렇게 생각해 보면 어떨까요? 내가 받는 월급엔 지금의 삶을 위한 몫도 있지만 내 노동 자본이 '0원'이 될 미래의 삶을 위한 몫도 있다! 오늘밤이 지나면 내일이 오늘이 되고, 그렇게 온 오늘밤이 지나면 또 다시 내일이 오고… 흐르는 시간을 멈출 순 없습니다. 언젠가는 그날이 옵니다.

지금 나의 행복을 위해 월급을 다 쓸 수는 없습니다. 미래의 내가 그만큼 불행해질 테니까요. 그렇다고 미래의 나를 위해 지금의 나만 죽어라 고생시킬 수는 없다고요? 맞습니다. 무엇보다 중요한 건 밸런스예요. 지금의 나와 미래의 나, 모두 행복할 수 있는 황금비율을 찾아야 합니다. 그러려면 어떻게 해야 할까요? 정확한 황금비율은 사람마다 다릅니다. 그 비율은 개인재무설계를 통해 찾아낼 수 있지요. 여기서는 개별 상황을 모두 다룰 수 없어 안타깝네요.

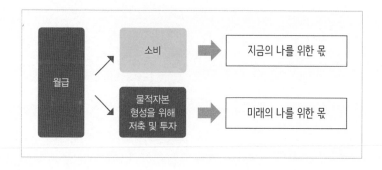

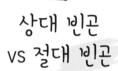

상대 빈곤
vs 절대 빈곤

"식사하셨습니까?가 인사이던 시절이 있었지. 뻔한 안부 인사
말고 정말로 식사하셨냐고 여쭙던 거지. 밥 먹고 살기 힘든 시절
이었거든."

뭐야? 왜 갑자기 호랑이 담배 피우던 시절 얘길 하시는 거지?

"나도 못 겪어본 시절이야. 아무튼 그런 때가 있었다고. 지지
리 가난했던. 너나없이 모두 다 가난했던."

하긴 한국전쟁 이후 세계에서 두 번째로 못 살았던 나라였
으니까 그럴 만도 하다.

"그런 나라가 급속도로 경제 성장을 이뤘어. 정말 꿀 빨던 호
황기였지. 이제 최소한 밥 못 먹어서 굶어 죽는 일은 없게 된 거
야. 그래서 다들 행복해진 것 같나?"

한강의 기적이라 불리던 그 경제 성장 이야기를 하시려나 보

다. 확실히 옛날보단 살기 좋아졌으니 행복해질 만도 한데 현실을 둘러보면….

"그런 것 같진 않은데요."

"그래, 맞아. 다들 못 살던 그땐 서로 비교할 게 없었지. 그런데 먹고살 만해지니까 서로 비교를 하기 시작한 거야. 절대 빈곤을 벗어났더니 상대 빈곤이 나타난 거지."

상대적 빈곤이라…

"생각해보면 정말 그랬어. 노골적이진 않았다 해도. 그리고 우리네 부모님들은 자식들에게 뭐든 다 해주고 싶어하셨지. 당신은 누리지 못했던 걸 자식들은 누리게 해 주겠다는 생각? 그래서 말이야, 우리 세대는 '진짜 궁핍'한 게 뭔지 전혀 모르고 산 셈이야."

그랬다. 우리집도 그리 넉넉한 형편은 아니었지만 부모님은 할 수 있는 모든 것을 해주려 하셨다.

"말이야 바른 말이지, 못 겪어봤잖아. 한 이틀 밥 굶어 봤냐? 아! 이번에 나 못 만났으면 그 첫 경험을 해봤겠네."

"예… 정말 감사해요!"

"무조건 남들보단 좀 더! 이거야. 비교 기준이 내가 아닌 남이 됐거든. 남들보다 좀 더 공부 잘 해야 되고, 남들보다 좀 더 큰 집 살아야 되고, 남들보다 좀 더 좋은 차 몰아야 되고. 웃기지 않아?"

부정할 수 없었다. 나도 그랬던 것 같다. 그래서 차를 샀고, 그래서 지금 여기 프랑스에서 거지가 되어 있는 것 아닌가.

"뭘 그렇게 남을 의식하는지… 내가 이렇게 잘 살아, 내가 이렇게 훌륭해, 이런 걸 생색낼 효과적인 방법이 뭔지 아나? 바로 소비야. 그리고 또 열심히 SNS 같은 데에 찍어다 올리지. 자랑스럽게."

순간 골로 녀석의 그 웃긴 사진이 생각났다. 난 그걸 또 부러워했던 거고.

"그 사람들이 부러우면 그렇게 해, 상관 없어. 그럼 나중에도 또 그렇게 서로를 비교하며 살겠지. '다 같이 거지 됐으니까 괜찮다'고. 넌 하루에 한 끼밖에 못 먹었지만 난 두 끼 먹었다고, 밥 먹은 인증샷 찍어서 또 올리고 그러고 살아. 상관없어."

"그러고 싶진 않은데요."

"그렇담 다행이군. 근데…."

잠시 생각에 잠긴 듯했다. 조금 슬퍼 보이는 표정이다.

"내 친구는 그러지 못했어…."

육 개월 전 연락이 끊어진 친구분 말씀인가 보다.

"그 친구를 다시 만난다면 이렇게 안부를 물어보겠지. 밥은 먹었냐고. 널 처음 봤을 때처럼 말이야."

멋쩍었다. 머리를 긁적일 수 밖에. 욜로를 외치는 내 친구 생각도 났다.

"다른 사람들 시선은 절대 의식하지 마. 그 체면 말이야, 그게 절대 밥 먹여주지 않아."

체면이 밥 먹어 주긴커녕 밥 뺏어가는 걸 깨달은 후였다.

"부자 흉내 놀이는 이제 그만 하라고. 이제 진짜 부자가 되어라."

진짜 부자가 되어라.

진짜 부자가 되어라.

계속해서 내 귓가를 맴돌았다.

진짜 부자가 되어라.

부자지수를 아시나요?

혹시 부자지수라고 들어 보셨나요? 말 그대로 '부자가 될 가능성'을 계산해 보는 식입니다. 흔히 부자라고 하면 얼마를 가지고 있다! 이렇게 생각들 하시죠. 그 또한 맞는 이야기 입니다만 부자지수는 '얼마를 가져야 부자가 되느냐?'에 대한 답이 아니라 '현재 자신의 상황에서 부자가 될 수 있는 가능성은 얼마인가?'를 가늠해 볼 때 사용하는 개념입니다. 공식은 아래와 같습니다.

(순자산 × 10) ÷ (연봉 × 나이)

참 쉽지요? 그런데 이 공식에는 다른 사람과 비교하는 항목이 하나도 없습니다. 오직 자기 자신만 있을 뿐. 그러니 우리도 남과 비교하는 일은 이제 그만하기로 해요.

자, 그럼 계산해 봅시다. 다음과 같은 조건을 가진 A씨가 있습니다.

- 나이 만 35세
- 순자산 8천만 원
- 연봉 3천만 원

A씨의 부자지수를 계산해 보면

(80,000,000 x 10) ÷ (30,000,000 x 35) = 0.84

네, 0.84입니다! 참고로 부자지수가

· 0.5 이하면 문제 있음,

· 0.5초과 1이하이면 노력 필요,

· 1초과면 양호를 의미합니다.

그러니 A씨는 조금만 노력하면 부자가 될 수 있을 겁니다. 그렇다면 B씨은 어떨까요?

- 나이 만 50세
- 순자산 2억 5천만 원
- 연봉 1억 원

부자지수를 계산해 보면

(250,000,000 x 10) ÷ (100,000,000 x 50) = 0.5

0.5가 나옵니다. 문제가 있다는 뜻이군요. 이상하지요? 순자

산 8천만 원에 연봉 3천만 원인 A씨보다 순자산 2억 5천만 원에
연봉 1억 원인 B씨가 더 부자일 것 같은데, 부자지수로 확인해보
니 그렇지 않군요. 왜냐고요? 부자지수에서 고려하는 것은 오직
자신의 상황 밖에 없다고 했지요? B씨의 경우엔 높은 연봉과 긴
근무기간에 비해 만들어 놓은 순자산이 너무 부족하다는 것을 의
미합니다. 그만큼 소비가 많았다는 것이겠지요. 앞으로 경제활
동을 할 수 있는 시간이 얼마 남지 않았는데 지금 같은 소비 성향
을 유지한다면 높은 연봉에도 불구하고 은퇴 후 바로 경제적 어
려움에 처할 가능성이 높습니다. 반대로 A씨는 상대적으로 낮은
연봉과 짧은 근무기간에 비해 만들어 놓은 순자산이 크다는 것
을 의미합니다. 저축률이 높고, 시간이 갈수록 많은 자산을 형성
할 가능성이 크다는 것, 즉 부자가 될 가능성이 크다는 뜻입니다.

여러분의 부자지수는 얼마인가요? 실망스럽다고요? 아직은
괜찮습니다. 지금보다 더 나은 내년, 내년보다는 더 나은 내후년
이 된다면 여러분도 부자가 될 수 있을 테니까요.

쳇바퀴를 탈출한 다람쥐

"쳇바퀴 돌리는 것 같더군. 눈 뜨면 출근하고 일하고 밥 먹고, 또 일하다 저녁 먹고 야근 하고. 그러다 집에 오면 자고 일어나서 출근하고…."

의외였다. 선배님은 뭔가 나랑 다를 줄 알았다. 그러나 무엇 하나 다를 바 없이 똑같았다. '지금' 내 모습과 선배님의 '과거' 모습이. 나도 예전의 선배님처럼 날마다 쳇바퀴를 돌리고 있으니까.

"정말 뭐 하는 건지 모르겠더군. 내가 원한 삶이 이런 거였나? 그러다 월급이 나오더라고. 그럼 이상하게 또 생각이 바뀌는 거야. 원래 뭐 다 이렇게 사는 거지 뭐, 이렇게. 그때쯤 아까 말했던 그 친구가 또 자랑을 엄청 늘어놓는 거야. 자동차가 어떻고 미국이 어떻고 하면서. 순간 내가 왜 이렇게 살아야 하지, 라는 생각이 들었어. 그래서 큰 실수를 했지. 주제에 맞지 않는 생활을 하다 빚이 좀 생겼거든."

은근히 나랑 닮은 분이구나, 생각이 들었다.

"참나. 그 후론 내가 돈을 위해 일하게 되더라고. 나를 위해서 일하는 게 아니라. 나는 아침 일찍 일어나서 힘든 몸을 일으켜 출근하는데, 내 돈은 빈둥빈둥 놀면서 누워있는 것처럼 느껴졌어. 그러다 혹 사라져버리고 말이야. 좀 억울한 생각이 든 거야. 그래서 마음먹었지. 내 돈도 일을 시켜야겠다! 정말 혹독하게! 돈이 사람이었다면 난 고발당했을 걸? 아주 혹독하게 일을 시켰거든, 잠시라도 쉬는 꼴을 못 보겠더라고. 그래서 1분 1초도 못 쉬게 돈을 굴렸어. 다행히 돈이 날 고발하진 못했지. 특히 위험한 일을 엄청 시켰어. 다칠 수도 있지만 그게 또 수입이 많았거든. 투자를 했다는 거야, 내 말은."

조금은 대단한 사람이라는 생각이 들었다. 선배가 말을 이어 갔다.

"언젠간 저 쳇바퀴를 뛰쳐나가리라, 벼르고 벼렸지. 그날이 오기만 기다렸어. 그런데 드디어 내 돈이 내가 더 이상 일하지도 않아도 될 만큼 충분히 벌어오기 시작하더라고! 그 덕에 드디어 나도 자발적으로 쳇바퀴를 뛰쳐나올 수 있었던 거야."

쳇바퀴를 돌리는 삶이다. 월급을 위해. 내가 아니라 결국은 돈을 위해. 그리고 내 눈앞의 이분은 그 쳇바퀴를 당당히 뛰쳐나오셨단다.

"그런데 다른 사람들 생각은 나 같지 않더군. 회사생활 힘들다, 힘들다, 늘 불평하면서도 전혀 그렇지 않은 듯 행동한다랄까? 쳇바퀴를 뛰쳐나올 생각은커녕 평생 헌신하며 돌릴 것처럼 말이야. 좀처럼 돈에게 일 시킬 생각을 안 하더군. 그저 쳇바퀴 돌리고, 월급 받아 다 쓰고, 또 쳇바퀴 돌리고, 그 삶에 익숙해져 버린 거지."

쳇바퀴에 익숙해져 버린다. 하긴 나는 아직 그런 삶에 약간의 반발심이 남아있다지만 우리 과장님, 부장님만 해도 이미….

"내 쳇바퀴를 대신 돌릴 사람은 세상에 얼마든지 있어. 매년 수많은 다람쥐가 생겨나. 쳇바퀴를 돌려줄 쌩쌩하고 능력 있고 월급도 싼 젊은 다람쥐들. 다람쥐라는 표현이 기분 나쁘다면 이해하게. 직장인 형편이 도토리나 얻어 먹으려고 쳇바퀴 돌리는 다람쥐랑 크게 다른 것 같지 않아서 그런 것뿐이니까."

쳇바퀴를 돌리는 다람쥐라. 30바퀴를 돌리면 도토리 몇 알 받아 먹을 수 있는 다람쥐. 그래, 그 다람쥐가 나랑 무엇이 다르단 말인가.

"하지만 회사는 우리가 언제까지나 쳇바퀴를 돌리도록 허락하지 않아. 점점 비싸지거든. 그래서 어느 시점이 되면 우리가 원하든 원하지 않든 거기서 쫓겨날 수밖에 없지. 내 친구도 그렇게 쳇바퀴에서 쫓겨 내려온 거야. 난 아직도 충분히 돌릴 수 있다고 외치면서. 그런데 회사가 그 소리에 귀 기울여주겠냔 말이야."

그럴 리가 없다. 회사란 이윤을 추구하는 곳이니까.

"난 나 대신 쳇바퀴를 돌려줄 존재가 있지. 바로 돈이야. 내가 일하고 받았던 그 월급. 그 중 일부가 진짜 자산이 돼 지금도 열심히 일하고 있거든. 황금알 낳는 메추리 있지? 난 내 월급으로 그 메추리를 만들어뒀어. 내 노동 자본을 진짜 자본으로 전환시킨 거지. 한국에 돌아가면 황금알 몇 개쯤은 또 낳아놓았을 거야."

나 대신 일 해서 돈 벌어다 주는 메추리라니. 너무 부러웠다.

"선배님, 저도 그렇게 될 수 있나요? 선배님, 저 한국 가서 선배님께 계속 연락 드려도 돼요? 정말 제발 좀 도와주세요!"

알 수 없는 웃음을 지으시며 한 마디 내뱉으신다.

"거 참, 귀찮아지겠군."

"감사합니다, 선배님! 감사합니다!"

"일단 오늘은 들어가 쉬어. 내일 아침 식당에서 보자고!"

우리 멋진 선배님께서 귀한 발걸음을 옮기신다. 그러다 갑자기 멈춰 서서 날 돌아보신다.

"아까 그 친구 있지? 욜로 외치며 널 마구 유혹하던 그 녀석. 그놈 이름은 이제 골로라고 하자고. 그러다간 결국 골로 갈 테니까."

골로? 골로! 그러면 안 되는데 묘하게 잘 어울린다. 골로라. 내 친구 골로….

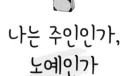

나는 주인인가,
노예인가

"최 판서 댁 얘기 들어 봤나? 홍경래의 난이 일어났을 때 유일하게 무사했던 집이지. 이유가 뭔지 알아? 최 판서는 종들을 끔찍이 아꼈거든. 글쎄 말이야, 그 집 노비들은 일을 안 했어. 최 판서가 다 먹여줬지. 심지어 노비 방도 최 판서가 직접 다 청소해 줬다니까. 궁궐 같은 집은 노비들한테 내주고 최 판서네 가족들은 노비들이 사는 집에서 살았다지. 그래서 난이 일어났을 때 노비들이 최 판서를 보호해줬어."

오, 근데 정말 별난 사람도 다 있었네!

"정말인가요? 놀라운데요."

그러자 세상에 이리도 순진 무궁한 사람이 있는가, 하는 표정으로 날 쳐다보신다.

"뻥이야."

잉? 뭐라고?

"세상에 종을 위해 일하는 주인이 어딨어? 과거에도 그랬고 지금도 그렇고 앞으로도 없을 거야."

그럼 그렇지, 그럴 리가 있나!

"너도 노예인 거 알지?"

"예? 제가요? 아! 회사에서 노예처럼 일하니까요? 맨날 쳇바퀴나 돌리면서."

그래, 지난 4년간 정말 노예처럼 일했잖아! 저녁도 없고, 주말도 휴일도 없는 그런 삶을 살았으니 난 회사의 노예인 게 분명하다. 그런데….

"회사 말고 돈의 노예 말이야."

돈의 노예라고?

"너 돌아가면 일해야 되지? 왜? 네가 저질러 놓은 거 처리해야 되니까. 한마디로 돈 벌어야 하니까. 넌 네가 네 돈, 네 월급의 주인 같아? 턱도 없는 소리 말아라. 종을 위해 일하는 주인은 없어. 그럼 넌 돈 때문에 일하고 있으니까 네가 주인이냐, 아님 돈이 주인이냐?"

"도… 돈이요…."

부정할 수 없었다. 그래, 난 돈의 노예였다. 주인이라 착각하고 있는.

줍아터진 이코노미석에 최대한 몸을 구겨 넣었다. 한국으로, 일상으로 돌아오는 비행기 안에서 선배님의 마지막 이야기가 계속 뇌리를 맴돈다. 긴 한숨이 절로 나왔다. 옆 사람의 흘긋대는 눈길이 느껴졌다. 저 사람은 돈의 주인일까, 노예일까? 골로는 돈의 주인일까, 노예일까. 답은 자명했다. 그럼 나는⋯ 과연 주인이 될 수 있을까?

"일본인들이 뭐라고 하는지 알지? 식민지배 덕분에 우리나라가 근대화 됐다고 떠들잖아. 너희가 많은 혜택을 입었으니 고마운 줄 알라면서! 그렇게 우리나라 사람들을 세뇌시키려고 무던히 노력했고, 실제로 많은 사람들이 그 말을 믿게 됐을지도 몰라. 그런데 깨어있는 사람들도 있었지. 그 덕에 우리나라가 주권을 회복하게 됐고. 참으로 다행히!

자본도 마찬가지야. 돈을 쓰면서 많은 혜택을 누리라고들 하지. 물론 필요할 때도 많아. 그런데 필요하지 않은 부분까지도 소비하라고 집요하게 부추기지. 우리를 세뇌시키려고 무던히 노력한단 말이야. 그렇게 되면 누가 좋은 걸까, 생각해 봤어?"

생각해 본 적이 없었다.

"자본은 우리가 똑똑해지는 걸 원하지 않아. 우매하길 바라지. 그래야 우리가 죽도록 돈을 위해 일할 테고, 자본은 자기 배를 불릴 수 있으니까. 일제로부터의 독립과 돈으로부터의 독립. 맞아 그대로 비교하기에는 무리가 있어. 그런데 당사자인 개인의 관점에서 봤을 땐 사실 크게 다르지도 않다고."

돈으로부터의 독립이라. 경제적 자립이라.

"이제 너도 독립 운동을 해야 하지 않겠어? 바로 독립할 순 없을 거야. 조상들이 그랬던 것처럼. 하지만 꾸준히 노력하면 독립은 온다."

독립은 온다. 돈으로부터의 독립. 경제적 자립! 그래. 이제부터 시작이다. 돈으로부터의 독립. 그 독립 운동. 지금부터 시작이다!

일단 아껴야 꼬으지!

240만 원짜리
커피콩

커피콩이었다. 분명 화장실에서 큰일을 봤는데 나온 건 커피콩이었다. 이게 뭐지, 생각하는 순간 커피콩이 녹아 변기 물이 커피로 바뀌었다. 그러더니 아주 작은 허리케인처럼 커피, 아니 변기 물이 솟아올라 내 입으로 들어오는 순간…

"아악~~ 안돼!!"

꿈이었다. 이놈의 커피! 꿈에도 나오는구나!

"저축은 하냐?"

선배가 물었다. 감사하게도 파리 공항까지 태워다 주시는 길이었다.

"아… 보험 10만 원 말고는 없는데요….."

"그럼 얼마 벌어? 세금 제하고."

"250만 원 정도요."

"그래? 그럼 한 달에 240만 원을 쓰는 거구만."

"제가 그만큼이나 쓴다고요?"

"계좌에 잔고도 없다며?"

"예…."

"다 쓴 거지 뭐, 그럼."

그렇네… 그런데 왜 억울하지? 대체 그 돈을 어디다….

"어디 다 쓰는지도 모르겠지?"

"예."

"힘들게 일해서 돈 버는데 어디다 쓰는 지도 모르고. 억울하지도 않나?"

내 맘을 어떻게 이렇게 잘 아실까?

"일단 돈을 어디에 쓰는지부터 체크해 봐. 그게 시작이야."

- 커피 값 240만 원
- 월세 및 관리비 1,000만 원
- 자동차 할부 및 보험 300만 원
- 이번 여행 비용 800만 원

한국에 돌아오자마자 카드 내역을 뽑아봤다. 내가 일 년에 커피를 무려 240만 원어치나 마셨단다! 일 년에 30일은 커피를 마시려고 일한다니, 내가 죽어 화장을 하면 사리 대신 커피콩이라도 나와야 할 판이다.

기타	커피	월세 및 관리비	자동차	여행
60일	30일	120일	36일	100일

노트북 10일

월세 및 관리비 1,000만 원! 이건 뭐 자동차 때문이다. 애물단지가 되어버린 내 자가용. 한 달에 두어 번도 못 타는 자동차를 지하 주차장에 소중히 모시고픈 일념으로 오피스텔 월세살이를 하게 되었다. 그렇게 내는 월세와 관리비가 일 년에 1,000만 원! 일 년 중 120일은 월세 내려고 일하는구나. 자동차 할부는 또 어떤가? 보험료 포함, 일 년에 300만 원이라니! 36일은 자동차를 위해 일하는 셈이다. 이쯤 되면 내가 차를 모시고 사는 것 아닌가?

화룡정점은 바로 이번 여행이었다. 똥 싸듯 질러 놓은 비용이 대출을 포함 자그마치 800만 원이다. 지금부터 100일간은 이 똥을 치우기 위해 일해야 한다.

아슬아슬 펑크를 면해오던 내 통장이 이 한 방으로 너덜너덜 테두리만 남게 됐다. 밑 빠진 독에 물 붓기라더니, 이건 밑이 빠진 정도가 아니라 입구만 남은 항아리 같았다.

"부자 흉내 놀이는 이쯤에서 그만둬라."

선배님 목소리가 들리는 듯했다.

"부자 흉내 놀이는 이제 그만!"

사은품으로 받은 레이저 프린터로 처음 출력을 했다. 대체 저 윙윙대는 플라스틱 덩어리를 어디다 쓸 것인가! 저놈 때문에 거의 열흘을 일해야 한다는 생각이 들자 맥이 빠졌다.

소비의 비가역성, 톱니 효과

신입사원 철수가 살았습니다. 철수의 월급은 150만 원이었지요. 그런데 어느 날 갑자기 월급이 200만 원이 되었어요. 이유는? 모릅니다! 아무튼 소득 50만 원이 늘었다고 합시다. 그럼 철수는 소비를 얼마나 늘릴까요?

10만 원? 20만 원?

아니에요! 거의 50만 원 가까이 늘게 되어있습니다. 소비는 정말 순식간에 늘거든요.

그런데 6개월쯤 후, 사장님이 그러시는 겁니다.

"어? 네 월급이 왜 200만 원이나 나갔지? 미안, 실수였어. 앞으로 다시 150만 원 줄 거야!"

날벼락이 떨어졌습니다! 자, 그럼 우리의 철수! 소비를 얼마나 줄일까요? 늘어났던 만큼 다시 줄일까요?

아닙니다. 아주 조금 줄일 거예요. 월급이 펑크 나지 않을 정도까지만요.

"소득이 늘면 소비는 큰 폭으로 늘지만, 소득이 줄면 소비는 바로 줄지 않고 아주 작은 폭으로 줄다가, 더 이상 버틸 수 없는 상황이 되어야 줄어든 소득만큼 줄어든다."

이런 현상을 경제학에서는 '소비의 비가역성' 혹은 '톱니효과'라고 부릅니다. 1949년 미국의 경제학자인 듀센베리James stemble Duesenberry가 자신의 박사학위 논문인 〈소득, 저축 및 소비자행태 이론〉에서 소개한 이론입니다.

우리 선배의 친구 분! 그분도 소득이 줄어들었지요? 아니, 정확히 말하면 아주 없어지고 말았습니다. 하지만 그럼에도 예전과 비슷한 생활을 한동안 유지했을 것입니다. 그러다 더는 버틸 수 없는 상황이 되어서야 소비를 줄이고 연락이 끊어졌을 거예요.

늘어난 소비는 좀처럼 줄이기가 힘듭니다. 그러니 소비가 늘기 전에 미리 대비를 해야 하지요. 만약 월급이 30만 원 올랐다면 15만 원은 저축을 늘리는 데 쓰고, 남은 15만 원으로 소비를 늘려 보세요. 소비도 늘고 저축도 느는 지혜로운 방법입니다.

이런 저축 방법에 대해서는 자세히 설명할 기회가 있을 것 같군요. 뒤에 나올 황금 메추리 통장 저축 방법을 참고해 주세요.

너 자신을 알라!
네가 어디에 얼마나 쓰는지, 얼마나 가지고 있는지

현재 저축을 얼마나 하고 있는지 정확히 알고 있나요? 나의 순자산이 얼마인지 정확히 알고 있나요? 순자산이란 자산에서 부채를 뺀 금액입니다. 상당히 단순한 질문이고 누구나 쉽게 답할 수 있을 것이라 생각하지만 실상은 그렇지 않습니다. 자신의 순자산 혹은 매월 저축액은 물론, 한 달 소득이 얼마인지 조차도 정확히 모르는 사람이 생각보다 많습니다. 여러분도 혹시 그런가요?

몸이 아프면 병원에 가서 검진을 받아야 합니다. 그래야 문제점을 파악하고 병을 고칠 수 있으니까요. 어딘가 심각히 아픈데도 아무 조치를 취하지 않는다면 결국 목숨을 잃고 말 것입니다. 자산관리도 마찬가지입니다. 다만 차이점이 있다면, 건강 문제는 통증 덕분에 쉽게 알 수 있지만, 자산은 심각한 문제가 생기더라도 금방 알아차릴 수 없기 때문에 바로잡을 시기를 놓치는 경우가 많습니다. 그래서 이번에는 내 자산에 어떤 문제가 있는지 파악할 수 있는 간단한 방법들을 알려 드리려고 합니다.

〈1단계〉 소득과 지출 파악하기

1. 현금흐름표 작성

우선 소득과 지출부터 파악해야 합니다. 현금흐름표를 작성해 보세요. 소득과 지출을 항목별로 기입합니다. 95쪽 현금흐름표의 세부 사항은 하나의 예시입니다. 각자 상황에 맞게 고쳐서 기입하면 됩니다. 이어서 지출도 기입합니다. 지출을 기입할 때 고려할 것은 고정지출과 변동지출을 구분하는 것입니다.

① 고정지출이란 매달 정기적으로 발생하는 지출을 가리킵니다. 월세, 부모님 용돈, 대출 원리금, 관리비, 보장성 보험료 등이 여기에 해당하지요.

② 변동지출이란 매달 고정적으로 발생하지 않으며 금액이 확정되지 않는 지출을 말합니다. 식대, 외식비, 의복비 등이 여기 포함됩니다.

③ 저축은 정확히 항목을 구분해 기입하는 것이 좋으나 그것이 어렵다면 총합이라도 정확히 기입해 주세요.

현금흐름표를 작성해 보면 어디서 얼마만큼 돈을 벌어 어디에 얼마만큼 쓰고 있는지, 그리고 저축을 얼마나 하고 있는지 파악할 수 있습니다. 그럼 이제 끝이냐고요? 아니지요. 이제부터 시작입니다. 내 자산이 어떤 문제가 있는지, 지금부터 본격적으로 살펴 봅시다.

2. 소비 성향 파악

우선 소비 성향을 파악해 보죠. 소비 성향 지수를 구하는 식은 아래와 같습니다.

소비 성향 = (변동지출+고정지출)/소득 금액

얼마를 벌어서 얼마를 쓰는지 비율을 따져보는 것입니다. 가령 소득이 300만 원인데 지출 총합이 210만 원이라면 소비 성향은 210/300=0.7 즉 70%입니다. 상황에 따라 조금씩 다르지만 일반적으로 45% 이하면 '건전', 60% 이하면 '양호', 60% 초과면 '위험' 입니다. 예로 든 사례는 상당히 위험한 상황이네요. 고정지출은 바로 줄일 수 없으니 변동지출을 통제해서 조금이라도 소비 성향을 낮춰 가는 노력이 필요합니다. 물론 고정지출도 시간을 가지고 조금씩 줄이는 노력도 하셔야 합니다.

3. 저축 비율 파악

그 다음은 저축 비율입니다. 이번에 사용할 식은 아래와 같습니다.

저축 비율 = 저축 금액/소득 금액

상당히 쉽죠? 1-소비 성향 지수로 계산하면 바로 구할 수 있을 것도 같습니다. 물론 이론상으론 그래야 되지만, 사실 그렇지 않은 경우가 많습니다. 앞에서 우리는 소득 300만 원 중 210만 원을 지출하는 사람을 예로 들었습니다. 이 경우, 저축액은 소득에서 지출 총액을 뺀 90만 원이 되고, 따라서 저축 성향은 30%가 나올 것이라고 기대하게 마련입니다. 하지만 실제로는 30%가 안 되는 경우가 대부분입니다. 왜 그럴까요? 그건 지출이 완벽히 파악되지 않고 있거나, 남는 돈이 투자로 이어지지 않고 월급 통장에 그대로 쌓여 있다는 것을 의미합니다. 저축 성향을 파악하면 이렇게 새고 있는 지출을 찾아내거나 아무 의미 없이 월급 통장에 쌓여가는 금액을 발견하여 좀 더 효율적으로 저축 및 투자를 할 수 있게 됩니다. 저축 성향은 30% 이하면 '위험', 55% 이상이면 '건전', 그 사이라면 '양호'한 상태입니다.

4. 이자 비율 파악

마지막으로 파악할 것은 이자 비율입니다. 소득에서 이자를 갚기 위해 얼마를 사용하는가 파악하는 단계입니다.

이자 비율 = 대출 상환금/소득 금액

물론 이자만 갚고 있느냐, 이자와 원금을 함께 갚고 있느냐에 따라 달라질 수 있지만 이자와 원금을 포함한 금액이 소득의 20%를 넘지 않게 유지하는 것이 좋습니다. 만약 의미 없이 쌓여있는 잔고가 있다면 부채를 일부라도 상환해서 이자 비율을 낮추는 것이 좋겠지요.

구분	구분	건전	양호	위험
소비 성향	(변동지출+고정지출)/총 소득	45% 이하	45%~60%	60% 이상
저축 비율	저축금액/총 소득	55% 이상	30%~55%	30% 이하
이자 비율	이자비용/총 소득	10% 이하	10%~20%	20% 이상

〈2단계〉 자산과 부채 파악하기

1. 자산 부채 상황표 작성

이제 자산 부채 상황표를 작성해 볼까요? 자산이 많으면 모두 부자일까요? 그렇지 않습니다. 자산은 '순자산+부채' 니까요. 예를 들어 10억짜리 자택에 사는 A와 2억짜리 전세에 사는 B가 있다고 합시다. 두 사람의 상황은 아래와 같습니다.

10억짜리 아파트에 사는 분이 더 부자일 것 같죠? 그런데 이 10억짜리 아파트에 사는 분은 주택 담보 대출이 7억이 있고 신용 대출이 2억이 있는데 반해 2억짜리 전세를 사는 분은 부채는 없이 금융자산이 2억이 있다고 한다면? 10억짜리 아파트에 사는 분의 순 자산은 10억-7억(주택 담보 대출)-2억

구분	A씨	B씨
부동산 형태	자택	전세
부동산 가격	10억	2억
담보 대출	7억	-
신용 대출	2억	-
금융 자산	-	2억
순자산	1억	4억

(신용 대출)=1억에 불과하지만 2억짜리 전세에 사는 분은 2억 +2억(금융 자산)=4억이 됩니다.

이런 과정을 거치면 비교 기준이 바뀝니다. 중요한 건 자산이 아니라 순자산이니까요. "순자산 1억을 가진 A와 순자산 4억을 가진 B 중 누가 더 부자일까요?" 라고 질문해야 합리적이지요. 여러분도 아래의 자산 부채 상태표를 작성해서 순자산이 얼마인지 꼭 파악해 보세요. 그리고 자산이 아니라 순자산을 지속적으로 늘리기를 바랍니다.

현금흐름표와 자산 부채 상태표를 작성하는 것이 귀찮은 일일 수도 있습니다. 물론 자주 작성할 필요는 없습니다. 그러나 1~2년에 한 번씩은 확인해서 나의 순자산이 늘고 있는지, 나의 지표들이 개선되는지 꼭 확인해 보세요.

현금흐름표

현금의 유입		현금의 유출	
분류	금액	분류	금액
근로소득		고정지출	
급여(본인)		보장성보험	
상여금(본인)		부채상환금	
급여(배우자)		관리비	
상여금(배우자)		정기용돈	
		임대료	
		국민연금, 건강보험	
		기부금	
		세금	
근로소득합계		고정지출합계	
재산소득		변동지출	
이자		식료품	
배당금		사교육비	
임대소득		교양오락비	
		교통통신비	
		경조사비	
재산소득합계		피복비	
기타소득		휴가비	
강의료		미용비	
잡소입		자동차보험	
		기타	
기타소득합계		변동지출합계	
저축 및 투자		저축 및 투자	
대출금		은행권(예, 적금)	
적금해지		증권(펀드, ELS 등)	
비상예비자금유입		저축성 보험(공시이율)	
기타		저축성 보험(변액)	
		비상예비자금유출	
		기타	
저축 및 투자 합계		저축 및 투자 합계	
총유입		총유출	

자산 부채 상태표

(단위:만 원)

자산구분		금액	부채구분		금액
현금 및 등가물	보통예금		소비성 부채	신용카드	
	CMA			카드론	
	MMF			신용대출	
	MMDA			기타	
	만기 5개월 이내 예적금				
현금 및 등가물 합계			**소비성부채 합계**		
투자 자산	주식		투자성 부채	주택담보	
	주식형펀드			투자부동산	
	VUL			기타	
	VA				
	ELD				
	ELS		**투자성부채 합계**		
	적금		**부채 합계**		
	예금				
	채권형펀드				
	연금(금리)				
	기타				
투자자산 합계					
실물 자산	주택(자가)				
	주택보증금				
	별장				
	토지				
	상가				
	자동차				
	기타				
실물자산 합계					
자산합계			**순자산**		

96

티끌 모아 티끌?
결국엔 그 티끌 덕에 산다

"그거 아껴서 뭐하게. 야! 티끌 모아 봤자 태산 될 것 같아? 티끌은 모아 봤자 티끌이야."

골로가 늘 하던 말이다. 나도 제법 이 말에 동감했었다. 그러니 그깟 커피 얼마나 한다고 생각하며 무려 240만 원어치나 마셔 댄 것 아닌가.

"지금 당장 죽고 사는 문제는 아니지. 네가 무리하게 여행 왔다 해서 죽기야 하겠냐? 몇 달 좀 힘들고 말겠지."

잔뜩 풀이 죽어 나라 잃은 표정을 짓던 나에게 위로인지 뭔지, 아무튼 선배가 한 말이다. 멀리 에펠 탑이 반짝이던 그 벤치에서였다.

"그런데 그게 지속되면 결국엔 죽고 사는 문제가 될 거다."

지속될 필요도 없다. 이미 난 죽을 거 같으니깐.

"선배님, 그럼 전 어떻게 하면 될까요?"

"돈에 대해 좀 진지해져 봐. 월급 들어왔다고 쓸 생각부터 하지 말고. 선택은 딱 두 가지야. 쓸까, 모을까."

물론이다. 쓰고 남으면 모으니까.

"쓰고 남으면 모으자, 이렇게 생각하다간 거지 된다. 모으고 남는 돈으로 쓴다, 생각하면 최소한 거지는 안 되지."

단 몇 시간이지만 거지 체험을 해 본 나로선 거지만큼은 되고 싶지 않았다.

"선배님, 근데 제가 월급이 많은 것도 아니고… 모아봤자 말 그대로 티끌밖에 안 될 텐데…. 그런다고 선배님처럼 될 수 있을까요?"

참을 수 없이 한심하다는 표정으로 선배가 날 쳐다본다. 대책 없이 여행 와서 굶어 죽을 뻔 했던 놈 기껏 살려 놨는데 티끌 타령이나 하고 있으니, 한심할 만도 하다. 그런데 그거 모아서 과연 뭐가 될까? 라는 생각이 드는 건 어쩔 수 없다.

"너 방 구석에 먼지가 공처럼 뭉쳐서 막 굴러다니지?"

우와, 내 방에 와 보신 것처럼 이야기하신다.

"그 먼지 들도 처음엔 티끌이었다. 귀찮아서 안 치우니까 뭉치가 된 거지."

정확했다. 로봇 청소기 위에도 먼지가 굴러다니니 말 다한 거 아닌가. 그렇게 시간이 지나면서 티끌은 먼지 뭉치로 변신했다.

"돈도 똑같아. 네가 티끌 같이 여기는 푼돈도 시간이 지나면 뭉칫돈이 돼. 근데 말이야. 청소는 그렇게 하기 귀찮아하면서 돈 쓰는 덴 얼마나 부지런한지. 통장에 돈 있는 꼴을 못 본다니까."

할 말이 없다. 그리고 내가 지금 얼마나 저축할 수 있을지도 사실 모르겠다.

"선배님, 그럼 제가 얼마나 저축해야 할까요?"

"이야 정말! 그걸 내가 어떻게 아냐? 예산부터 짜봐. 네가 한 달에 얼마면 살 수 있는지 계산부터 해보란 말이다. 그리고 나머지 돈은 모조리 모으겠다, 생각하고 저축을 해!"

선배가 갑자기 벌떡 일어서며 나를 쳐다봤다.

"나중엔 그 티끌 덕에 사는 거야."

[티끌]

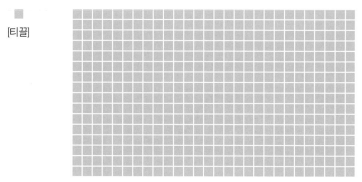

[티끌도 모으면!]

부자방정식 1

부자가 될 수 있는 공식 같은 것이 있다면 정말 좋겠지요? 사실 공식이라 부르긴 그렇지만 비슷한 것이 있기는 합니다. 좀 더 복잡한 방정식은 나중에 다시 알려 드리고 지금은 아주 간단한 방정식부터 소개할까 합니다.

우선, 월급을 받으면 쓰거나 모으거나, 둘 중 하나입니다. 그것부터 방정식으로 표현해 볼까요?

월급 = 소비 + 저축

1. 둘 중 소비를 앞으로 옮겨봅시다. 등호(=) 건너편으로 옮기면 마이너스(-)가 붙겠지요?

월급 − 소비 = 저축

그 결과 이런 형태가 됩니다. 이것이 어떤 의미인가 하면 "일단 쓸 것 쓰고 남으면 저축하겠다"는 말입니다. 그런데 이렇게 해서는 저축이 안 됩니다. 쓰고 나면 남는 게 잘 없으니까요!

2. 그렇다면 저축을 앞으로 보내면 어떨까요?

월급 – 저축 = 소비

이것은 "일단 일정 금액을 저축하고 나머지로 한 달을 산다"는 뜻입니다. 이것이 바로 부자방정식이지요! 이렇게 하면 어쨌든 꾸준히 저축이 이루어지고 돈이 조금씩 모이게 됩니다. 소비를 할 때도 장점이 있지요. 일단 저축은 해뒀으니 남는 돈은 다 써도 된다는 편안함이랄까요? (솔직히 돈은 쓰면서도 늘 불안하잖아요?)

이 방식을 부자방정식이라 부르는 이유는 월급 생활자로서 자수성가하여 부자라 불릴 만한 자산을 가진 분들에게서 공통으로 나타나는 소비와 저축의 패턴이기 때문입니다. 그리고 부자가 된 이후에도 많은 분들이 이런 저축과 소비 패턴을 유지하고 있습니다. 한정된 월급으로 부자가 되기 위해선 당연히 소비를 통제할 수 밖에 없겠지요?

그럼 저축액은 어떻게 정하면 될까요? 앞에서도 이야기했지만 중요한 것은 밸런스! 한 달치 예산을 작성해 보면 얼마를 저축할 수 있는지 알게 됩니다. 예산이 고정지출 + 변동지출이니 급여에서 예산을 제외한 금액은 저축할 수 있는 금액이겠지요? 그럼 우선 그 돈은 저축을 하고 남는 돈으로 생활하는 습관을 들이시길 바랍니다. 부자가 되고 싶다면 말이지요.

자동차와의
눈물겨운 이별

자그마치 팔 개월이 걸렸다. 내가 싼 유럽 여행 똥을 치우는 데 말이다. 지금으로부터 5년 전이었던가.

"야, 타! 밥 먹으러 가자!"

신입사원이 된 골로였다. 나는 졸업 학기를 남기고 휴학을 했다. 넉넉지 못한 집안 형편 탓이었다. 졸업만 하면 바로 취업할 수 있을 줄 알았건만… 그 후에도 6개월 간 취업준비생 생활이 이어졌다. 그사이 골로는 10개월쯤 먼저 취업을 했고 취준생을 위로한답시고 나를 찾아왔던 것이다. 자동차를 끌고 말이다. 조수석에서 바라본 골로의 모습은 뭔가 달라 보였다. 이제 진짜 남자가 됐구나, 싶었다. 부러웠다. 나도 취업하거든 꼭 차를 사리라, 그때 마음먹었던 것 같다.

그리고 취업 후 2년 만에 차를 뽑았다. 그 동안 학자금 대출부터 갚아야 했기 때문이다. 첫 차를 몰고 자취방으로 왔을 때의 감동을 아직도 잊을 수가 없다. 그런데 막상 집에는 차를 세울 곳이 없었다. 주차장이 필요해 이사를 했다. 차를 모서 둘 수 있는, 그리고 새 똥 테러를 피할 수 있는 지하 주차장을 찾아서.

그 결과, 월세, 관리비, 자동차 할부가 한 달에 120만 원. 여기에 자동차 보험까지 떠 안게 됐다.

그러니까…

뭔가 줄줄이 비엔나 소시지 같다.

차를 팔고 싶지는 않았다. 하지만 일단 살고 봐야 하니 달리 방법이 없었다. 울었다. 정말 엉엉 울었다. 마치 서로 사랑하나 집안의 반대로 헤어질 수 밖에 없는 흔하디 흔한 사랑 이야기 속 남자 주인공처럼 슬펐다.

잘 가세요, 내 영혼의 동반자여. 나를 남자로 만들어준 그대여.

그리고 나니 자동차 할부가 사라졌다. 보험료도 들지 않았다. 그리고 지하 주차장이 있는 곳에 살 필요도 없어졌다. 대신 마당이 생겼다. 정원이든, 텃밭이든, 뭐라 불러도 좋을 공간이다. 보보증금 1,000만 원에 월세 30짜리 옥탑방이었다. 왠지 상추 정도는 길러 먹을 수 있겠다는 생각이 들었다.

    8개월이 그렇게 흘러갔고 이제 똥은 다 치웠다.

파생 소비를 조심하세요!

'소비가 소비를 부른다'고 하지요? 파생 소비란 무언가를 구입함으로써 부수적으로 발생하는 또 다른 소비를 의미합니다. 예를 들어 봅시다.

> 명품 가방을 하나 샀어요!
> 그랬더니 이 가방에 받쳐입을 옷이 없는 거예요!
> 그래서 좋은 옷을 샀지요.
> 어라? 그런데 그 옷을 받쳐줄 구두가 없네요.
> 그래서 또 좋은 구두를 삽니다.

이런 것이 바로 파생 소비입니다. 백화점에 가 보면 마네킹에 완벽하게 코디를 해 놓은 것을 보실 수 있지요? 옷 하나만 사지 말고 어울리는 다른 옷도 같이 사라는 것이지요. 또 다른 예를 들어 볼까요?

오늘 저녁 술자리가 있습니다.
거하게 한잔!
술 값이 나갔습니다. 뭐, 좋아요. 그런 시간도 필요하니까요.
문제는 차를 가지고 왔다는 거예요.
대리운전비가 추가로 들겠군요.

오늘은 차를 가지고 갔으니 술 마시면 안 되겠다, 라고 생각을 했습니다. 그런데 술 집 곳곳에 대리 운전 배너 광고판이 서 있는 거죠. 아… 술 마시면 안 되는데… 하다가 에잇 대리 부르지 뭐! 라고 생각하게 되는 것이지요. 하나의 예를 더 들어볼까요?

기다리고 기다리던 최신형 핸드폰이 드디어 나왔습니다.
그래서 당장 가서 샀죠.
예전에 쓰던 핸드폰이 너무 낡아 새 핸드폰이 필요했을 지도 모르죠.
새 핸드폰을 샀더니 너무 못 생긴 핸드폰 케이스를 공짜로 주는 거에요.
아! 이건 아닌데? 내 핸드폰과 너무 안 어울리는데! 라고 생각하는 순간 매장에
진열되어 있는 아주 멋있는 케이스가 보이는 거죠.
내 핸드폰은 소중하니 당연히 멋있는 케이스를 샀겠죠?
그런데 왜? 핸드폰 매장에서 케이스를 같이 판매하는 것일까요?

이렇게 소비되는 돈이 생각보다 꽤 많습니다. 그러니 무언가를 살 때는 한 번만 더 생각해 보세요!

봉투를
씁시다

마구니! 마구니구나! 이놈~~ 철퇴로 저놈을 매우 쳐라~~!!

태조 왕건에 나오건 궁에 목소리가 울려 퍼졌다. 적어도 내 마음 속에서는. 내 옆에 바싹 붙어선 골로가 쉴새 없이 조잘거린다.

"남자가 가오가 있지! 봉투가 뭐냐, 봉투가! 어? 어? 야! 남자는 말이야~ 어? 지갑! 그 지갑 있지? 그게 사회적 지위를 알려주는 거야! 어? 거지냐? 쪽 팔리게. 그리고 어, 요즘 누가 어? 어? 현금 쓰냐? 어? 카드로 싹~ 긁어줘야, 가오가 살지!"

골로는 자랑하듯 명품 로고로 온 몸을 두른 장지갑에서 카드 한 장을 꺼내더니 손가락 사이에 끼워 점원에게 내민다.

"고객님, 저… 한도 초과…"

"예? 아, 하하하! 그럴 리가 없는데. 하하하."

사람 귀가 저렇게까지 빨개질 수 있다는 것을 나에게 증명한 그 친구가 당황스러워 하며 구조의 눈빛을 보내온다. 필시 자기 것까지 계산해달라는 것이었다.

"펜 좀 주실래요?"

봉투에서 5,000원을 꺼내 점원에게 건넸다. 되돌아온 건 단돈 500원 뿐. 점원이 건네준 볼펜으로 봉투 겉면에 적는다.

골로 커피 ₩4,500

마구니가 분명하다. 나까지 골로 보내려고 찾아온 그 마구니.

"그러니까 정 커피 마시고 싶으면 맥도날드 가자니까. 시커먼 남자 둘이 뭔 커피숍이라고!"

"거참, 어? 이 집 커피가 맛있다니까! 어? 어? 참나, 커피 맛도 모르는 놈이….

그래, 그렇게 커피 맛 잘 아는 놈이 아메리카노에 시럽을 그렇게 부어 먹니? 물론 속으로 생각한 거다. 하지만 한심하다는 내 눈빛을 이 친구도 읽었나 보다.

"야… 월급 타면 술 살게! 어? 그럼 되잖아?"

대답할 가치를 느끼지 못하겠구나. 골로 덕에 이번 주 재미 통장에 보낼 돈이 줄었다. 그게 슬플 뿐이었다.

봉투를 쓴다고요? 봉투 사용법

소비를 통제하는 가장 간단하고 강력한 방법! 바로 봉투 사용법입니다. 어렵지 않아요. 월급을 받으면 그 다음 월급을 받을 때까지 4~5주 정도가 걸리지요? 급여일을 계산하기 귀찮다면 매월 첫 주를 기준으로 계산하셔도 됩니다. 그리고는 일주일간 쓸 돈을 현금으로 인출해서 봉투에 넣어두는 거예요.

· 일주일에 10만 원으로 살겠다! 그럼 10만 원을 봉투에 넣습니다.

· 그 달이 5주차까지 있다면 봉투가 다섯 개 필요하겠지요! 봉투 한 장당 현금 10만 원씩을 넣어 5장을 준비하면 됩니다.

월세, 관리비, 핸드폰 요금, 교통비 등은 제하고 순수 용돈으로 쓸 돈만 인출해서 넣어두는 거예요. 봉투는 따로 살 필요 없습니다. 은행에서 인출기 옆에 놓인 봉투를 챙기면 되거든요.

물론 사회생활을 하다 보면 내 계획과 상관없이 돈을 써야 할 때가 있지요. 그럴 때를 대비해서 한 달에 10만 원 정도는 따로 〈사회생활 봉투〉를 만들어 두는 것이 좋습니다.

자! 그러면 이번 주 봉투를 써볼까요? 봉투 겉면에는 이렇게 씁니다.

· 9월 1주차 용돈 10만 원

월요일에는 출근해서 6,000원짜리 점심을 먹었어요. 그렇다면 이렇게 쓰세요.

· 9월 2일 점심 ₩6,000

· 잔액 ₩94,000

그렇게 한 주를 지내는 동안 9만천백 원을 사용했다고 해봅시다. 그럼 8,900원이 남지요. 이 돈은 어떻게 할까요? 그냥 써 버릴까요? 그 보다는 〈재미 통장〉 혹은 〈재미 봉투〉를 만들어서 한데 모아 두세요.

9월 1주차 용돈 100,000원

9월 2일
점심 6,000원
잔액 : 94,000원

9월 5일
꿀로 커피 4,500원
잔액 : 89,500원
.
.
.
9월 6일
점심 7,000원
잔액 : 8,900원

↓

재미 통장으로!

봉투 사용법을 실천해 보면 현금이 줄어드는 것을 눈으로 확인할 수 있기 때문에 자동으로 지출이 통제됩니다.

아, 그런데 〈재미 통장(봉투)〉이 뭐냐고요? 그건 조만간 따로 알려 드리겠습니다!

월급 탕진이
애국이라고요?

"야, 저리가! 아유, 짠내!"

골로 이놈, 왜 일요일에 집 앞까지 찾아와서는 이 따위 소리나 하는 거냐!

"너 차도 팔았다며? 집 꼬라지는 이게 뭐냐?"

"돈 없다, 진짜."

골로 이놈이 이렇게나 애국자인 줄 그날에서야 알았다.

"야, 어? 우리가 좀, 어? 돈 좀 써 주고 그래야 경제가 돌아가는 거야. 커피도 마셔줘야 커피숍도 살고, 여행도 가줘야, 어? 여행사도 살고, 항공사도 살고, 어? 막 그렇게 아끼잖아, 어? 그럼 어? 경제가 안 돌아요. 자영업자가 다 죽어! 내수가 죽는다고, 어? 어?"

이놈의 "어" 좀 안 들었으면. 월급 탕진이 애국이라면 이 부분

만큼은 난 이제 매국노가 되어도 상관없다는 생각이 들었다.

"걱정 마. 다 나처럼 쓰기야 하겠냐? 그리고 네가 내 몫까지 써 주면 되겠네!"

나도 이렇게 짠돌이가 되고 싶었던 것은 아니다. 그러나 현실이 그럴 수밖에 없었다. 유럽에서 돌아온 지 얼마 되지 않아 월급이 들어왔다. 그리고 약 오 분 만에 잔고 삼 만 원을 남기고 돈이 싹 다 없어졌다. 휴가비까지 들어왔는데도.

"망할 놈의 카드사!" 욕을 했지만 내가 쓴 건데 어쩌겠나… 방법이 없었다. 유럽 여행을 위해 구입했던 최신형(에 가까운) DSLR 카메라를 중고왕국에서 30만 원에 팔았다. 하루에 딱 만 원씩 쓰면 이번 달을 살 수 있다.

"일단 카드를 쓰지 말고 살아봐. 지금 상황에서 카드 쓰면 넌 영원히 구렁텅이에서 못 빠져 나온다."

선배님 말씀이었다. 그리고 감사하게도 하루 만 원으로 살 수 있는 방법도 알려 주셨다.

"일단 달력에 매일 만 원이라고 써. 그리고 그 밑에 날마다 쓴 돈을 기입해. 그러면 네가 얼마를 썼고 얼마를 쓸 수 있는지 쉽게 파악될 거다."

그 덕에 나는 그제야 구내식당 밥도 가격 대비 꽤 먹을 만하다는 것을, 탕비실 커피 믹스도 상당히 마실 만하다는 것을 알게 되었다.

"평생 그렇게 살 순 없어. 그래서도 안 되고. 하지만 지금은 비상사태니까 그렇게 써봐. 그럼 다음 달 월급 받고 나면 인출 가능한 잔액이 최소 30만 원은 남아있을 거야. 그 다음 달도 일단 그렇게 살아."

골로가 내놓은 해결책이 사실 더 매력적이긴 했다.

"카드를 하나 더 만들어!"

그런데 그러다간 정말로 골로 갈 수 있겠다는 생각이 들었다

"지금은 그게 최선이야. 예산 짜고 뭐하고 할 것도 없어, 지금은. 우선 네 통장 인공호흡기라도 떼고, 자가 호흡 할 수 있을 때까진 그렇게 해 보자. 그리 오래 걸리진 않을 거야."

8개월 사이 통장은 제법 건강해졌다. 남아있던 할부도 선결제로 다 해결했다. 그리고 이제는 일주일마다 용돈 10만 원과 매달 사회생활비 10만 원이라는 예산을 쓸 수 있게 되었다.

그런데 정말 신기한 건 생각 없이 쓰던 예전에 비해 삶의 질이 크게 떨어지지 않았다는 것이다. 거짓말처럼 말이다.

가계부? No! 예산 가계부, Yes!

가계부 써보셨나요? 많이 도전해보셨을 겁니다. 그런데 효과도 많이 보셨나요? 열심히 기록한 것 같기는 한데 절약이 되는지는 잘 모르겠지요? 그럴만한 이유가 있습니다. 가계부는 사후 기록이기 때문이에요. 쉽게 말해, 열심히 소비한 후 열심히 기록하는 방식이라서 다 정리하고 나면 '와!! 이렇게 많이 썼어?' 그러고는 또 잊어버리게 됩니다. 그럴 때는 일반 가계부가 아닌, 예산 가계부를 쓰는 것이 좋습니다.

준비물: 탁상 달력, 볼펜

앞서 알려드린 대로 카드 대신 현금을 쓰고 싶어도 여건(?)이 따라주지 않는 분들도 있습니다. 우리 주인공은 다행히 현금화할 수 있는 물품이 있어서 바로 카드를 버릴 수 있었지만 그렇지 못한 경우라 하더라도 이 방법을 사용할 수 있습니다. 하루하루 쓰는 돈을 통제하는 것이니 그것이 현금이든 카드든 상관없지요. 그러니까 봉투 쓰기로 전환할 수 있을 때까지는 이 방법을 이용하면 좋습니다.

1. 우선 달력을 꺼내 1일 칸에 하루치 용돈을 적습니다. 하루에 만 원을 쓴다고 가정한다면 '₩10,000'이라고 쓰면 됩니다.

2. 첫날 7,000원을 썼습니다. 그럼 그날은 3,000원이 플러스가 되겠군요.

3. 그럼 2일 칸에는 '₩13,000'이라고 쓰면 됩니다. 이해되시죠?

4. 그런데! 안타깝게도 둘째 날에는 15,000원을 썼습니다. 예산은 13,000원인데 15,000원을 썼으니 2,000원 마이너스입니다.

5. 그럼 3일 칸에는 '₩10,000' 대신 '₩8,000'을 쓰는 겁니다.

6. 이렇게 한 달을 산 결과, 마지막 날 쓸 수 있는 돈이 34,000원이 되었다고 해봅시다. 그리고 그날 만 원을 썼다면?

7. 축하드립니다! 이달에는 24,000원을 남겼습니다. 그럼 이 돈은 어떻게 하느냐고요?

8. 재미 통장(봉투)으로 고고 씽~!

10월 1일	10월 2일	10월 3일	10월 4일	10월 5일	10월 6일	10월 7일
10,000원 점심 : 7,000원 잔액 : 3,000원	13,000원 점심 : 8,000원 커피 : 4,000원 간식 : 3,000원 잔액 : -2,000원	8,000원				

10월 30일	10월 31일
	34,000원 점심 : 10,000원 잔액 : 24,000원 ----▶ 재미 통장으로!

쓸데없는 지출을 잡아내는 예산 ABC가계부!

예산 가계부를 이용해 정해진 한 달 예산 안에서 생활하셨다고요? 축하드립니다. 그런데 예산 내에서 지출한 항목 중에도 줄일 수 있는 부분이 있지 않을까요? 그런 불필요한 지출을 쉽게 잡아낼 수 있습니다. 예산 가계부에 하나만 더 추가하면 됩니다. 아래 그림을 볼까요?

10월 1일		10월 2일	10월 3일	10월 4일	10월 5일	10월 6일	10월 7일
10,000원 점심 : 6,000원 커피 : 4,500원 잔액 : -500원	A C						

앞서 설명 했던 예산 가계부와 동일한데 소비 항목 옆에 A, B, C를 표시할 공란을 하나 더 만들어 놓은 형태입니다. 엑셀을 활용해서 만들면 되겠지요? A는 꼭 필요한 지출, B는 아낄 수 있었던 지출, C는 아무리 생각해도 쓰지 말았어야 하는 지출을 가리킵니다. 이렇게 기입을 한 후, 월말에 정산해 보는 방식입니다. 엑셀에 조금이라도 익숙하다면, 쉽게 작업 할 수 있을 겁니다. 그래서 아래 같은 결과가 나왔다고 해 볼까요?

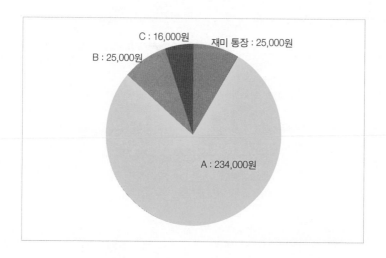

한 달 예산 30만 원 중 무려 25,000원이나 남겨서 재미 통장으로 보냈습니다! 뿌듯한 결과군요. 그런데 좀 더 분석해 본 결과 꼭 써야 했던 돈은 234,000원이었고, 줄일 수 있었던 지출은 25,000원이었습니다. 문제는 쓰지 말았어야 하는 돈 16,000원이

있다는 것입니다. 그러니 다음 달에는 최소한 C에 해당하는 소
비는 하지 말자! 라고 다짐할 수 있겠죠? 푼돈이라고 무시하지
말자고요.

좀 더 엑셀에 능숙하다면 아래처럼 그럴싸한 가계부를 만들
수도 있습니다. 예산 가계부를 잘 활용해서 하루빨리 황금 메추
리 통장을 완성해 보자고요!

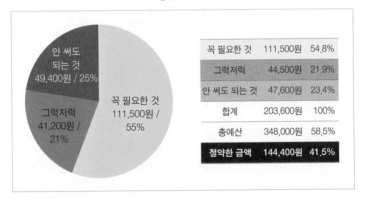

총계 그래프

골로와 함께하는
즐거운 해외 여행

22개월 만의 해외 여행이다. 내가 유럽 여행의 똥을 털어낸 지는 14개월이 지났다. 지금 나는 베트남의 한 해변에 누워있다. 골로와 함께.

"야! 좀, 어? 어?"

그렇다. 골로가 말하는 중이다.

"가자고 좀, 어? 한 번만 같이 가자, 어?"

"아직은 안돼. 조금만 더 있다 가자."

"참나. 왜? 왜? 어, 왜? 왜 안돼? 언제, 어? 언제?"

올해 초부터 아주 난리였다.

"몇 달만 있다가 가. 진짜 약속할게."

지금은 6월. 이번 4박 5일간 베트남 여행은 22개월 전 그 잔인했던 여행과는 모든 것이 달랐다. 가장 많이 다른 건 마음이었다. 그땐 죽을 것 같았는데… 선배가 아니었으면 정말 국제 미아가 되어 이역만리 프랑스 호텔에서 고철 덩어리 탑을 보며 한 많은 인생 마무리할 뻔 했다.

그런데 지금은 다르다. 에메랄드빛 바다, 쭉 뻗은 해변, 저녁 무렵엔 황금색 노을까지, 모든 것이 아름다웠다. 이 차이의 시작점을 나는 잘 알고 있었다.

재미 통장!

작년 9월, 재미 통장에 모아 둔 50만 원으로 아무 생각 없이 주식을 샀다가 선배님께 엄청 혼났는데, 다행히 그게 70만 원으로 올랐다. 게다가 작년 10월부터 지난 5월까지 재미 통장에 40만 원이 더 모였다. 총 110만 원의 예산이 생긴 것이다. 이 돈은 어차피 내가 쓸 돈이었다. 그렇게 봉투로 살아온 지 어언 14개월. 일주일 용돈 10만 원에 매주 1~2만 원씩 절약해서 모은 돈. 그 덕에 나는 지금, 여기, 베트남에서 쉬고 있는 것이다.

이번 여행을 위해 카드를 쓴 것도 아니었다. 대출? 그 따위 것을 받을 이유도 없었다. 적금을 깼냐, 하면 그것도 아니다. 내 저축과 투자는 아무 문제없이 잘 진행되고 있다. 그러니 여행을 끝낸 후 일상으로 돌아가도 돈 때문에 스트레스 받을 일은 전혀 없다.

"야! 같이 오니깐 좋지? 어? 좋지?"

"그래, 좋아."

"그래, 좋다니까! 그러니까 여행 다니고 하는 거지. 담에 또 오자, 어? 어?"

"그래, 2년 뒤에 또 오자."

"뭐? 2년 뒤?"

도대체 무슨 망언이냐는 듯 날 쳐다본다. 그래, 2년 뒤, 임마! 속으로 생각했다.

"야! 무슨! 6개월에 한 번씩은 가줘야지, 참나. 어? 어? 야, 마감 끝나고 그러면 딱! 어? 홀가분~~하게, 어? 여행 와서 충전하고, 어? 그래서 돌아가서 또 열심히 일하고! 어? 그래야지, 어?"

여행 다니려고 일하는 놈인가?

"여행 오니깐 홀가분~~하냐?"

"그래 엄~~~청! 일상 걱정들 훌훌 털어내고 즐길 수 있잖아!"

"그래….''

"그래, 뭐?"

"네 지갑도 엄청 홀가분~~하겠다, 돈 다 훌훌 털어내서."

기분 좋아지는 재미 통장!

드디어 소개합니다! 재미 통장!

봉투를 사용한다면 그건 현금을 쓴다는 뜻이겠지요. 일주일 예산을 다 쓰지 않고 절약해 돈이 남았다! 그럼 그것을 어떻게 했는지 기억나시나요? 네, 재미 통장에 넣으시면 됩니다. 그거 좀 모은다고 얼마나 되겠느냐고요? 한번 해보시면 압니다. 생각보단 묵직해진다는 것을요.

그렇게 모은 돈은 재미나게 펑펑 쓰세요! 평소에 사고 싶던 것이 있다? 그럼 재미 통장으로 사는 겁니다! 여행을 가고 싶다? 그것도 재미 통장으로 해결하세요! 절약한 여러분을 위해 재미있게 탕진하세요. 괜찮습니다! 그건 어차피 쓸 돈이었잖아요.

재미 통장에 돈을 모아 보면 재미가 쏠쏠합니다. 그래서 더 아끼게 되지요.

혹시 현금만 뽑아서 쓰는 것은 힘들어서 봉투 대신 예산 가계부를 쓰고 계신가요? 그래도 상관없습니다. 매월 말, 남는 예산만큼 인출하거나 다른 통장을 하나 정해 이체하면 됩니다. 그럼 현금으로 생활하는 것과 비슷한 효과를 낼 수 있어요.

봉투 사용법과 재미 통장의 콜라보레이션! 직접 해 보시면 단언컨대, 후회하지 않습니다.

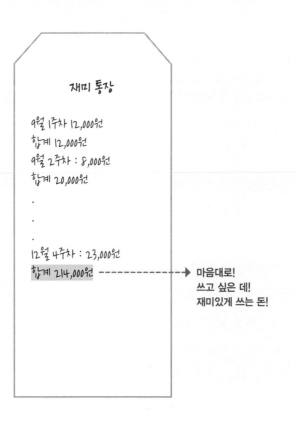

재미 통장

9월 1주차 12,000원
합계 12,000원
9월 2주차 : 8,000원
합계 20,000원
.
.
.
12월 4주차 : 23,000원
합계 214,000원 - - - - - - - - - - ▶ 마음대로!
쓰고 싶은 데!
재미있게 쓰는 돈!

통장에도
에어백이 필요해

　흐드러지게 핀 벚꽃이 우수수 떨어지던 날이었다. 흩날리던 꽃잎 한 장이 내 어깨 위에 내려앉았다. 간만에 입은, 아니 요즘은 주말 공식 복장이 되어버린 정장 위로 말이다.

　친구 결혼식이 있었다. 4월은 잔인한 달이라던데, 아니었다. 5월이야말로 진정 잔인한 달이다. 지난 토요일에 이어 이번 토요일과 일요일까지 내리 결혼식이 있다. 친구한테 연락이 오면 이젠 좀 무섭다. 오랜만에 온 연락일수록 더욱 더.

　"안녕? 잘 지내지? 오랜만이야! 나 결혼해! 블라블라~~ 모바일 청첩장 보내줄게! 꼭 얼굴 보자!"

　청첩장이 공과금 청구서처럼 보인다. 내 얼굴을 보고 싶은 것일까, 아님 다른 뜻이 있는 것일까? 꼼꼼히 명단을 적어둬야겠다. 언젠가 나도 결혼할 때 회수하려면.

유럽 여행 후유증 치료에 8개월을 쏟아 부은 후, 드디어 저축이란 것을 할 수 있는 첫 달이었다. 설레고 기쁜 마음으로 적금을 들었는데 딱 한 번 납입하고 축의금 때문에 해지해야 했다.

"통장 하나 더 만들어야 돼, 이런 사태를 대비하려면."

답답한 마음에 선배님을 찾아갔다. 물론 세상 귀찮다는 듯 억지로 나오셨지만.

"이런 사태요? 친구들 갑자기 막 결혼하고 그런 거요?"

"그렇지. 축의금 말고도 전혀 예상할 수 없던 사태가 발생할 수 있거든. 예를 들면 핸드폰 액정이 깨진다거나, 집에 세탁기가 고장이 난다거나, 밥솥이 폭발한다거나…."

"밥솥이 폭발을 해요?"

"예를 들면, 예를 들어 그렇다는 거야. 암튼, 그런 상황이 벌어지면 뭐가 문제인지 알아?"

"적금을 깨야겠죠. 저처럼요…."

축의금 때문에 적금을 깼다는 현실이 너무 슬펐다.

"이제 돈 좀 모아야겠다, 마음먹고 저축을 시작할 때 흔히 하는 실수가 너무 타이트하게 금액을 잡는 거야. 그러다 감당 못할 상황이 벌어지면 그땐 어쩔래? 대출 받을래?"

이제 대출은 듣기도 싫다. 그거 갚느라 얼마나 고생했는데, 남의 결혼식 때문에 대출을 내야 한단 말인가.

"아뇨, 싫어요!"

"그럼?"

"그래서 적금 깼잖아요…."

"생각지 못한 상황 때문에 결국 저축에 손을 대게 됐잖아. 그러니까 통장이 하나 더 필요하다는 거야. 이런 때를 대비하는 통장 말이야. 보통 '비상예비자금 통장'이라고들 하지. 쉽게 생각해, 저축통장에 에어백 하나 달아 주라고."

"에어백을요?"

"그래. 갑작스러운 사고에도 운전자 생명을 지켜주는 에어백 말이야."

"그게 요즘 잘 안 터진다 하던데요."

"그래? 요즘도 그러나?"

"뭐. 다 그렇진 않겠죠. 터지는 건 또 잘 터질 거예요."

"걱정 마. 이 에어백은 기가 막히게 잘 터지거든. 경조사비? 고장 난 가전제품 수리비나 구입비? 그 정도는 거뜬히 막아줄 수 있어."

"선배님! 좋은 거 알려 주셔서 감사합니다!"

근데… 일찍 좀 알려주시지, 괜히 원망스럽다.

"어? 너 입을 좀 삐죽거리는 거 같다? 죽을래? 쉬고 있는 사람 불러내놓고는!"

"아, 아닙니다, 선배님! 정말 감사합니다! 헤헤."

내 마음을 읽을 수 있는 게 분명하다. 관심법을 쓰시나 보다.

비상 사태의 에어백, 비상예비자금 통장

'비상예비자금'이란 무엇일까요? 쉽게 말하면 '비상금'입니다. 좀 더 복잡하게 설명하면 현금 흐름이 중단되더라도 생활, 저축, 투자를 안정적으로 이어가기 위해 필요한 자금이지요. 말하자면 갑작스럽게 직장을 잃었거나, 이직 문제로 잠시 월급을 못 받게 되었을 때도 평소처럼 살게 해주는 돈이라 생각하면 됩니다.

이렇게까지 심각한 상황이 아니라도 뜻밖의 경조사비, 가전제품 구입비, 자동차 수리비 등 제법 돈 들어갈 상황이 발생했을 때, 기존 저축이나 투자 자금에 손대지 않고도 버틸 수 있도록 미리 떼어둔 돈이라 생각할 수 있습니다.

그렇다면 비상예비자금은 얼마 정도 준비해야 할까요? 일반적으로 미혼이나 맞벌이인 경우 3개월치 생활비를, 외벌이인 경우 6개월치 생활비를 준비하면 됩니다.

그러니까 생활비 크기에 따라 비상예비자금 크기 또한 달라진다는 것을 알 수 있지요. 가령 한 달에 300만 원을 버는 미혼 A씨의 생활비가 150만 원이라면 150만 원의 세 배인 450만 원을 준비하시면 됩니다. 따라서 3개월 만에 만들 수 있겠죠?

A 씨: 300만 원/월	생활비: 150만 원	→ 비상예비자금: 150만 원 x 3개월 = 450만 원
	저축 가능 금액: 150만 원	→ 150만 원 x 3개월 = 450만 원 → 3개월 만에 비상예비자금 준비

그런데 똑같이 한 달에 300만 원을 버는 미혼 B씨는 생활비가 290만 원입니다. 그렇다면 870만 원의 비상예비자금이 필요하고, 이 금액을 준비하려면 87개월이 필요하지요. 저축할 수 있는 돈이 10만 원에 불과하니까요.

B 씨: 300만 원/월	생활비: 290만 원	→ 비상예비자금: 290만 원 x 3개월 = 870만 원
	저축 가능 금액: 10만 원	→ 10만 원 x 87개월 = 870만 원 → 87개월 만에 비상예비자금 준비

생활비 통제가 얼마나 중요한지 아시겠지요?

한 가지 더! 비상예비자금은 언제든 쉽게 찾아 쓸 수 있는 유동성이 보장되어야 합니다. 동시에 나름 큰 돈일 수 있기 때문에 수익성도 놓칠 수 없지요. 그래서 비상예비자금 통장으로 사용하기 가장 적합한 것은 증권사 CMA계좌입니다. 하루만 맡겨도 (많지는 않지만) 이자가 붙고, 언제든 쉽게 필요한 만큼만 인출할 수 있으니까요.

성공적인 저축과 투자를 위해서는 이 비상예비자금이 아주 중요합니다. 그러니 저축 계획을 잡을 때는 비상예비자금도 잊지 말고 기억하세요.

그렇다고 단숨에 만들겠다고 생각하지는 마세요. 한 달에 10~20만 원씩 꾸준히 모으면 됩니다. 필요한 자금이 다 모이면 그때부터는 매월 적립하던 금액을 다른 목적의 저축이나 투자로 돌리면 되겠지요?

아! 그리고 에어백도 막아주지 못할 대형 사고가 난다면? 우리 인생의 큰 사고란 심각한 병에 걸리거나 크게 다치는 일일 것입니다. 그런 경우를 대비하려면 보장성 보험을 활용해야 합니다. 생각지 못한 외부의 큰 충격에서 우리 자산을 보호해 줄 수 있는 건 오직 보장성 보험 뿐입니다. 보험에 대해 제대로 이야기하려면 또 책 한 권 분량이지요. 그래서 이번에는 패스~합니다만, 보장성 보험은 최소 비용으로 최대 보장을 가져간다, 생각하시면 됩니다.

마지막으로 이것만큼은 꼭 기억하세요. 보장성 보험은 보험일 뿐, 절대 저축이 아니라는 점! 잊지 마세요. 대표적인 보장성 보험으로 사망 시 일정 금액을 지급해 주는 종신보험을 요즘에는 저축이나 투자상품마냥 포장해서 판매하는 경우가 많으니까요.

당신의 의지를
믿지 마세요

"저 이제 정말 저축할 거예요. 어떤 일이 있어도 무조건 많이 모아서 경제 독립해야죠! 완전 의지 충만입니다!" 라고 말한 직후였다. 그때 날 바라보던 선배의 눈빛에, 내 머릿속에선 이런 대화가 펼쳐졌다.

– 왜 저를 믿지 못하시는 거예요… 정말 한다고 했는데….

– 아냐, 널 못 믿는 게 아냐.

– 못 믿으시는 거잖아요! 제가 뭘 더 해야 하나요? 어떻게 해야 절 믿어 주실 건가요!

– 널 못 믿는 게 아니라니까. 난 그저… 네가 다시는 마음에 상처받는 걸 보고 싶지 않은 거야.

혼자만의 신파극이 절정으로 치달을 무렵 선배가 말했다.

"네 의지를 너무 믿지마."

"예? 지금 저 완전 마음 먹었거든요. 월급 절반은 무조건 저축하자!"

"흠⋯."

잠시 머뭇거리던 선배가 이상한 말을 했다.

"인간의 욕심은 끝이 없고 늘 같은 실수를 반복하지."

"풉! 선배님! 그게 언제적 얘긴데요. 완전 옛날 사람 같아요!"

"웃어? 응? 웃지마. 네 얘기니깐."

참 좋은 선배인데 조금만 더 자상하면 얼마나 좋을까.

"돈 쓰기 너무 쉬운 세상이 됐어. 예전엔 현금이 없으면 돈을 쓸 수가 없었거든. 장 보러 가서도 가져간 현금만큼만 살 수 있었으니까. 그래서 지출 통제하기 좋았지. 그런데 이젠 그렇지가 않아. 현금 없으면 카드 쓰면 되고, 지갑 두고 가도 핸드폰만 있으면 결제할 수 있는 세상이라."

맞다. 나도 몇 달 전까지 핸드폰만 갖고도 막 쓰고 다녔으니까. ○○페이 덕분에. 정말 세상 좋아졌다, 생각했더랬다.

"그래도 지난 몇 달간 정말 아끼면서 잘 살았잖아요. 카드도 안 쓰고, 봉투 들고 다니고 그랬는데요."

"그랬지. 근데 그건 네가 죽을 만큼 힘들었기 때문에 가능했던 거 아냐? 이제 숨 좀 쉴 만해 졌잖아. 이제 같은 실수 반복 안 할 것 같아? 열심히 해서 잘 아꼈으니까, 요 정도는 좀 사도 되지 않을까? 그래, 요 정도는 괜찮아, 이러면서 또 자기합리화하고 그러겠지."

칭찬 한 번 해주시면 어디가 덧나나….

"너 혼자 사는 세상이면 그럴 수도 있을 거야. 그런데 세상은 너만 사는 게 아니잖아? 그 친구 있지, 골로? 걔가 널 얼마나 유혹하겠어?"

그건 그렇다. 정말 힘들었으니까.

"그 친구만 문제가 아냐. 세상은 참 무서워. 엄청난 유혹이 있을 거고, 그걸 네 의지만으로 이겨내겠다고?"

사실 요즘 TV에 나오는 물건들이 유독 예뻐 보이긴 했다. 이번 달부터는 특히 더 그랬다.

"그럼 어떻게 해야 되나요?"

"간만에 좋은 질문했네. 아니, 처음인가? 아무튼 강제로 저축이 되는 시스템을 만들어야 돼."

"강제로 저축이 된다고요?"

"그래. 네가 저축하기 싫어도 저축이 되는 시스템말이야. 바꾸기 귀찮아서라도 저축하게 되는 그런 거. 돈 쓰기 불편한 환경을 만들어야 돼. 네 예산보다 더 쓰려면 은행 가서 직접 돈을 찾아야 된다거나, 전화라도 해서 뭔가 처리해야 한다거나 하는 그런 불편함."

그런 상황에 처한다면 돈 쓰기가 상당히 귀찮을 거 같다.

"일단 월급 들어오면 네 예산만큼만 바로 인출해. 봉투 쓰고 있다고 했지? 그건 계속 유지하고."

"예. 그건 할 수 있어요."

"재미 통장도 지금처럼 쓰면 돼. 그리고 비상예비자금 기억나지? 그 통장은 CMA로 하나 만들어서 월급날 바로 10만 원씩 자동이체 되게 만들어."

"예. 그 정도도 할 수 있어요."

"그리고 이제 저축하기로 했으니까 저축할 금액만큼 급여통장에서 다른 통장으로 자동이체 걸어놓고. 그걸 '저축&투자 통장'이라고 하자. 월급날 바로 말이야. 120만 원 저축할 거면 월급이 들어오자마자 급여통장에서 바로 '저축&투자 통장'으로 120만 원 이체되게 하는 거야. 그럼 급여 통장에는 뭐가 남을까?"

"월세나 관리비, 대출이자… 이런 것 낼 돈만 남을 것 같은데요?"

"그렇지! 그걸 고정지출이라고 하잖아. 그건 그냥 급여통장에서 자동이체로 나가게 만들면 돼."

정리하자면

1. 월급이 들어오면 내가 쓸 용돈은 현금으로 바로 인출해서 봉투로 쓰고

2. 비상예비자금 10만 원이 바로 CMA에 인출되게 만들고

3. 저축이나 투자할 돈은 다른 통장 하나 더 만들어서 거기로

바로 이체되게 하고

4. 봉투로 쓰고 남은 돈은 재미 통장에 넣고…. 쉽네!

"그렇게 해두면 네가 할 일은 그저 월급날 봉투에 넣을 현금 찾는 것 밖엔 없어. 쉽지? 엄청나게 부지런 떨어서 저축통장에 연결된 각종 자동이체 해지하고, 저축이랑 비상예비자금 인출도 막지 않는 이상, 네가 계획한 목돈 만들기는 계속되는 거야."

내 의지와 상관없이 계속 저축이 지속된다.

"네 의지를 믿지 말고 시스템을 믿어. 강제 저축 시스템을."

의지는 믿을 것이 못 된다….

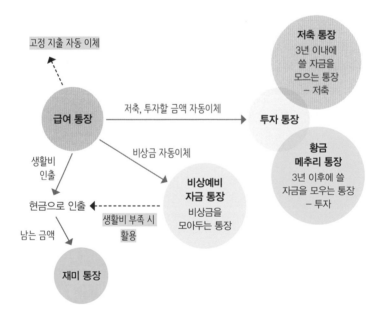

"마지막으로 하나만 더 알려 줄게. 그 저축 통장 말이야, 그것도 사실은 둘로 나눠야 돼. 3년 이내에 쓸 돈이랑 3년 이후에 쓸 돈으로. 3년 이후에 쓸 돈을 모으는 게 바로 '황금 메추리 통장'이야. 어쨌든 시스템부터 만들어 봐라. 황금 메추리 통장이 무엇인지는 그 다음에 알려 줄 테니까."

뇌과학을 이용한 마케팅, 뉴로마케팅

올해 할 일	돈 모으기, 살 빼기
올해 한 일	살 모으기, 돈 빼기

재미있는 현실이지요. 물론… 마냥 웃을 수 만도 없지만요. 이건 작년에 우리가 한 일이자 올해 우리가 하고 있는 일이고, 내년에 또 하게 될 일이니까요.

연초에는 항상 계획을 세웁니다. 하지만 오래 가지 못하지요. 작심삼일이라는 말이 괜히 나온 게 아니에요. 그런데 그 모든 게 다 나약한 우리 의지 때문일까요?

사람은 5%의 의식과 95%의 무의식 속에 살아간다고 합니다. 우리 주머니를 호시탐탐 노리는 자본은 이 무의식을 공격합니다.

뉴로마케팅Neuro Marketing이라고 들어보셨나요? 뇌 속에서 정보를 전달하는 신경인 '뉴런neuron'과 '마케팅'을 결합한 용어입니다. 무의식적 반응과 같은 두뇌활동을 분석하여 마케팅에 접목한 것이죠.

그런데 요즘에는 뇌파까지 분석한다고 합니다. 예를 들면 신용카드로 물건을 구매한 사람과 현금으로 물건을 구매한 사람의 뇌파를 비교·분석해보니 신용카드로 구매한 사람이 현금 구매한 사람보다 조금 덜 괴로워한다는 사실을 알게 된 것이지요

뉴로마케팅이 본격적으로 활용하게 된 계기가 바로 코카콜라와 펩시콜라에 대한 소비자들의 반응 조사였습니다. 연구팀이 두 콜라를 소비자들에게 마시게 했습니다. 소비자들은 자신이 마신 콜라의 브랜드를 모르는 상태였고요. 이 조사에서 많은 소비자들이 두 콜라 사이의 차이점을 느끼지 못했습니다. 오히려 펩시콜라가 더 맛있다고 하는 사람도 많았습니다. 그런데 브랜드를 공개하고 다시 콜라를 마시게 하자 많은 사람들이 코카콜라가 더 맛있다고 선택했습니다. 왜 그럴까요? 브랜드를 알지 못하는 상태에서 콜라를 마시게 하자 어떤 콜라를 마시든 모두 동일한 뇌 영역, 즉 전두엽만 활성화되었지만, 브랜드를 알고 마시게 되자 펩시콜라를 마실 땐 이 전두엽만 활성화되었지만 코카콜라를 마실 땐 전두엽뿐만 아니라 중뇌와 대뇌에 있는 정서 및 기억을 담당하는 또 다른 영역이 활성화되었다는 것이지요. 즉, 소비자의 뇌가 코카콜라 브랜드를 인식할 때 펩시에 비해 더 강력하게 반

응했다는 것이지요. 이것이 바로 뉴로마케팅의 시초입니다.

물론 여기서 마케팅 기법을 설명하려는 것은 아닙니다. 다만 그들이 상상 이상으로 엄청나고도 집요하게 우리 주머니를 노리고 있다는 뜻이에요. 이런 세상에 살면서 과연 의지만으로 우리 돈을 지킬 수 있을까요? 그래서 자동 저축 시스템이 필요합니다. 무의식적으로 '소비'하는 것이 아니라 무의식적으로 '저축'할 수 있게 해주는 장치 말이지요.

이제는 우리 무의식이 더 이상 사고 치지 못하도록 제대로 길들여 보자고요!

챕터 4

돈에게도
일을 시키자!

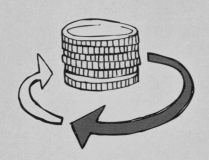

뭘 알아야
일을 시키지

많은 커플의 탄생 속에 내 적금 통장이 장렬히 사망해버린 악몽 같은 5월이 지나갔다. 첫 적금 가입과 첫 적금 해지, 강렬한 첫 경험이었다.

이어 6월이 왔고 어김없이 월급이 들어왔다. 기특한 황금 메추리. 물론 아직은 내가 일할 때만 알을 낳고 있지만 그래도 귀엽다.

"만약 돈이 사람이라면 난 고발당했을 거야. 혹독하게 일을 시켰거든. 잠시라도 노는 꼴을 못 보겠더라고. 생각해봐, 내가 생고생해가며 돈을 벌어왔더니 그 돈은 맨날 이불 덮고 잠만 자고, 그럼 열불 터지지 않겠어? 그러다 며칠 지나서 보면 어디론가 나가서 다신 안 돌아오고 말이야."

에펠 탑이 먼발치에서 보이는 벤치에서 야쿠르트를 먹던 날 선배가 말했었다.

"그래서 난 돈한테 일 분 일 초도 못 쉬게 일을 시켰지. 다행히 노동착취로 고발하지는 않더라고. 특히 위험한 일을 많이 시켰어. 다칠 수도 있지만, 그게 또 수익이 높았거든. 투자를 했다는 얘기야."

내 월급 통장에 들어온 돈이 사람처럼 보였다. 난 일하려고 출근하는데 아직 이불 속에서 뒹굴뒹굴 구르고 하품이나 하며 TV를 보는 돈의 모습이 상상됐다. 이거 이거, 용납할 수 없다! 선배님 말씀처럼 가까운 미래에 써야 할 돈에게까지 위험한 일을 시킬 순 없겠지만 최소한 황금 메추리 통장으로 보낼 돈에게는 나도 선배님만큼이나, 아니 보다 더 혹독하게 일을 시키고 싶었다.

"투자를 해야겠어요! 제 돈이 게으름 피우는 꼴은 저도 이제 못 보겠어요. 뭘 사면 돼요?"

"잘 생각했네."

분명 잘했다고 하셨다. 이게 칭찬이라면 선배님께는 처음 받아보는 셈인데… 어째 어감이 영 마뜩치 않다. 선배님도 한숨을 내쉬며 이렇게 덧붙이셨다.

"그런데, 뭘 사면 되냐니? 그건 완전 틀려먹은 질문이야. 뭘 알면 되냐고 물어 봐야지.”

이건 또 무슨 말씀인지. 뭔가 알아야 할 게 있나? 잘 오를 만한
거 그냥 사면 되는 거 아닌가?

“먼저 공부 좀 하란 말이야. 뭘 좀 알아야 투자를 하지.”

“예?”

갑갑했다. 일만 해도 하루가 빠듯한데 공부를 하라니.

“고시 준비하듯 하란 말은 아니고. 전문 지식은 전문가들에게
맡기면 되니까. 거기까지 혼자 한다고 덤비다가는 가랑이 찢어
지기 십상일 거다.”

“아! 전문가한테 상담받으면 되겠네요!”

옳거니, 그럼 되겠네! 내가 머리 싸매고 공부할 필요는 없는
거잖아?

“그런데 문제가, 전문가라고 다 똑같은 전문가는 아니라는
거야.”

이건 또 무슨 말씀인가.

“예? 전문가는 전문가 아니에요?”

“흠… 그러니까… 방패 파는 사람이랑 칼 파는 사람이 있다고
치자. 둘 다 그 방면에선 전문가야. 그런데 네가 어느 날 칼이 필
요한 거야. 그래서 방패 파는 사람이 보이길래 칼이 필요하다며
도움을 구했어. 그랬더니 그 사람이 저 옆 가게에 칼 전문가가
있으니 그리로 가라고 했다? 이러면 그 사람은 양심적인 전문가

인 거야.

그런데 이렇게 말할 수도 있지. '고객님, 방패 중에 이 방패가 가장 뾰족하니 굳이 칼을 살 필요가 없습니다. 이 방패 하나면 만능이지요. 요렇게 막고 또 요렇게 찌르고, 어때요? 제 말이 맞지 않습니까?'

"양심적이지 못한 거네요."

"그럴 수도 있지. 그런데 이 사람이 특별히 나쁜 사람이라 그런 경우는 많지 않다는 게 함정이야. 그냥 자기가 아는 범위가 방패뿐이거든. 그래서 본인이 추천한 방패로 충분히 칼을 대신할 수 있다고 진심으로 믿는 거지. 자기 지식 범위에 고객을 가둬버리는 셈이지만. 사실 사기 치겠다고 덤벼드는 전문가는 거의 없어. 애초부터 그런 맘을 먹었다면 그냥 사기꾼이게? 그래서 공부하라는 거야. 직접 전문가가 되라는 건 아니지만 이 사람이 정말 내게 필요한 조언을 해줄 만한 사람인지, 아니면 자기 지식에 날 가둬버릴 허울뿐인 전문가인지는 최소한 구별할 수 있도록."

"아….."

"그리고 투자한다고 다 성공하는 건 아니야. 솔직히 실패한 사람이 더 많을 거야. 그래도 기왕 시작한다면 성공한 투자자가 돼야 하지 않겠어?"

"성공한 투자자요?"

"그래, 성공한 투자자. 그러려면 지식도 있어야 되고 용기도 있어야 되고 경험이 필요하지. 지식 없이 용감하기만 하면 완전 돈키호테야. 그냥 무모한 거야. 잘 될 수도 있지만 대부분 크게 다치고, 심하면 죽을 수도 있어. 그렇다고 용기가 안 나서, 어쩌지 어쩌지 하다 써 보지도 못하는 지식은 그냥 화석일 뿐이지. 그럴 듯해 보이는데 생명이 없어. 지식도 있고 용기도 있고, 둘 다 있어야 돼. 거기에 경험이 더해지면 그게 지혜가 되는 거지. 뻔한 소리다, 싫겠지만 한번 해 봐, 뻔해 보이는 것만큼 실천도 쉬운지. 마음으로 수십 번 다짐해서 내공이 쌓여야지, 안 그러면 잔소리처럼 들릴 거다."

혁. 교장 선생님 훈계 같은 말씀에 슬슬 하품이 나오려 했는데 아무래도 들킨 것 같았다.

"원칙과 철학이 있는 경험을 쌓으려고 노력해 봐. 책에선 못 배우는, 경험으로만 익힐 수 있는 영역이 있으니까. 원칙과 철학이 굳건한 경험일 때만 가능하다는 것 잊지 말고.

일단 원칙부터 세우고, 공부를 해. 그 다음에 용기를 내서 경험해 보는 거야. 지금 당장 투자하고 싶다는 건… 좋아. 그런데 지금으로선 그냥 아버지 차 몰고 싶어서 차 키에 손대는 철부지로 밖엔 안 보여."

왠지 또 혼난 기분이다.

"메추리가 크게 다치거나 죽을 수도 있어서 하는 말이야."

부자방정식 2

앞에서 우리는 부자방정식1을 살펴보았습니다. '선 저축, 후 지출'을 이야기했지요. 이번에는 그보다는 조금 더 복잡한(?) 두 번째 부자방정식을 알려 드리려고 합니다.

'부자'의 정의는 여러 가지 있겠지만 여기서는 '물질적 자산이 많은 상태'라고 해봅시다. 지금 현재 돈이 많다면 오늘이라도 당장 부자라고 할 수 있겠지만, 안타깝게도 우리들(중 대부분)은 그렇지 않으니까 앞으로, 돈을 많이 모을 수 있는 방정식을 찾아 보겠습니다.

미래의 부의 크기 = 현재 투자 금액 $\times (1 + 투자수익률)^n$

이 식은 예금처럼 한 번에 납입한 투자금액의 미래가치를 구하는 방법입니다. 매월 적립식으로 투자할 경우에는 조금 더 식이 복잡해지지만 '미래가치'에 초점을 둔다는 사실은 변함 없기 때문에 간단한 식만 살펴봐도 충분히 이해할 수 있을 거예요.

위의 식에는 부의 미래 가치를 결정하는 세 가지 요소가 들어 있습니다.

첫째, 현재 투자 가능한 금액입니다. 우리가 가진 자금은 월급에서 나오기 때문에 얼마나 아낄 수 있는지에 따라 얼마나 투자할 수 있는지가 결정되지요. 그래서 절약이 중요합니다.

둘째, 투자 수익률입니다. 당연히 수익률이 높을수록 미래 부의 크기가 커지겠지요? 그래서 투자가 필요합니다. 현재 은행 금리 잘 아시지요? 예금이나 적금으로는 높은 수익률을 절대 기대할 수 없습니다. 성공적인 투자를 위해서는 공부가 필요하다는 것도 기억하세요.

셋째, 투자 기간입니다. 투자 기간이 길수록 미래 부의 크기는 기하급수적으로 커집니다. 그렇다면 투자 기간을 최대한 늘리려면 어떻게 해야 할까요? 계획적인 투자가 필요하지요. 앞서 소개했던 비상예비자금도 든든히 마련되어 있어야 합니다. 그래야 예상치 못한 상황에서도 투자를 지속할 수 있으니까요.

여기서 또 하나 중요한 것이 있습니다. 지금 소개한 부자방정식은 '복리'로 투자한다는 것을 가정합니다. '단리'로 투자할 때는 식이 아래처럼 바뀌지요.

미래의 부의 크기 = 현재 투자 금액 × {1 + (투자수익률×n)}

두 경우를 비교하면 아래와 같습니다.

복리 : 미래의 부의 크기 = 현재 투자 금액 × $(1 + 투자수익률)^n$
단리 : 미래의 부의 크기 = 현재 투자 금액 × {1 + (투자수익률×n)}

차이가 보이시나요? 간단한 예를 하나 들어봅시다.

- 현재 100만 원을 투자합니다.

- 기간은 10년,

- 투자 수익률은 6% 입니다.

⇒ 복리로 투자한 경우, 10년 후 총액은 약 179만 원이 됩니다.

하지만 단리로 투자한 경우에는 160만 원밖에 되지 않습니다.

투자 기간을 20년으로 늘려 볼까요?

⇒ 복리로 투자한 경우에는 약 321만 원이 되는데 단리로 투자한 경우

에는 220만 원밖에 되지 않습니다.

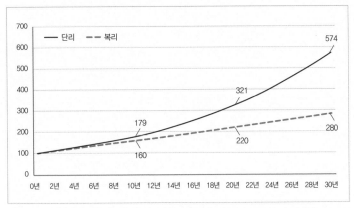

이자율 6%인 경우, 100만 원 투자 시

(단위:만 원)

시간이 길어질수록 단리 투자와 복리 투자의 차이가 점점 더 커지게 되지요. 그렇다면 단리와 복리는 무엇일까요? 뒤에서 조금 더 자세히 알려 드리겠습니다.

원(1)칙이
중요해요

"카드 하나 뽑아봐."

선배가 카드 열 장을 내 눈앞에 들이밀었다. 이런 건 언제 또 준비하신 걸까? 얼떨결에 한 장을 뽑았다.

"0인데요, 선배님."

"그래, 그럼 다시 한 장 뽑아봐."

"또 0인데요, 선배님."

"그래, 당연하지."

당연하다고? 0이 나오는 게 왜 당연하지? 그때 선배님이 나머지 카드를 모두 뒤집었다. 그 중 단 한 장만 1이 적혀있고 나머지는 모두 0이었다. 0이 아닌 숫자를 뽑을 확률은 10%에 불과했던 것이다.

"이제 카드를 순서대로 놓을 테니까 잘 봐."

그러더니 1이 적힌 카드를 가장 마지막 자리에 두신다.

"이러면 이게 얼마지? 숫자로 읽으면."

"0000000001 이니까… 그냥 1인데요."

"그럼 이건 어때?"

이번에는 "1"이 적힌 카드를 가장 앞자리에 두신다. 내가 숫자를 읽을 수 있는지 확인해 보시는 것 같았다. 고개를 갸웃거리며 자릿수를 세어보니, 십억!

"10억입니다, 선배님."

"잘 아네. 잘 봐, 여기 있는 0은 투자 방법을 의미하는 거야. 그냥 안전하게 적금 드는 건 물론이고, 온갖 현란한 기법을 총동원한 최첨단 투자법이라고 생각해도 돼. 아니면 각양각색 투자 상품이라고 봐도 되고. CMA부터 엄청난 부자만 가입할 수 있는 사모 펀드까지, 이 세상 모든 투자 상품 말이야."

"예, 선배님… 그런데요?"

"그런데 0이 아무리 많아도 숫자는 1이 어디 있는지에 따라 결정되는 거야. 1이 가장 뒤에 있으면 0이 아홉 개가 아니라 백억 개가 있어도 그건 그저 1이지."

끄덕끄덕.

"그런데 1이 맨 앞에 있으니까 어때, 10억이 되지? 0의 개수는 똑같지만 가치는 어마어마하게 달라져."

"그렇네요, 선배님. 1의 위치에 따라서 일이 될 수도 있고 십,

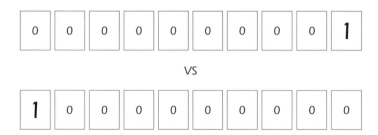

백, 천이 될 수도 있네요. 가장 앞에 두면 10억이 되고요."

"1을 가장 앞에만 둘 수 있다면 0이야 많으면 많을수록 좋겠지. 그럼 이 1은 과연 뭘 의미하는 걸까?"

1이 무어냐고 물으셨다. 어디에 두냐에 따라 전체의 가치를 결정짓는 핵심 중의 핵심! 아, 모르겠다.

"1은 바로 원칙이야. 투자할 때 가장 중요한 건 원칙을 지켜야 한다는 거야. 원칙 없는 투자는 아무리 노력해도 결국 헛짓이야. 반대로 원칙을 가장 우선시하는 투자는 노력의 크기에 따라 가치를 무한대로 키울 수 있어."

무엇보다도 중요한 것은 투자의 원칙을 가장 앞에 두는 것이다. 원칙 없이 투자해 어쩌다가 성공할 수도 있다. 하지만 그건 우연일 뿐. 투자의 성공을 필연으로 만드는 것은 바로 투자 원칙이다.

"운이 좋으면 우연히 1이 가장 앞에 올 수도 있겠지. 그러나 그건 우연일 뿐이야. 너의 미래를 우연에 맡길 순 없잖아? 너의 미래가 우연이 아니라 필연이 되려면 원칙을 가장 우선시 해야 해."

초심자의 행운과 자기 과신의 함정

초심자의 행운, 한 번쯤은 들어보셨지요? 어떤 일에 처음 도전하는 사람이 오랜 경험과 지식을 갖춘 전문가보다 우수한 성과를 내는 경우가 종종 있습니다. 실력이라기보다는 운에 가까운 것이어서, 행동경제학에서는 경계의 의미로 자주 등장하는 용어지요.

생전 처음 주식을 사본 철수의 이야기를 들려드리지요. 떨리는 마음으로 첫 매수를 하고 나니 글쎄 그것이 일주일 만에 무려 30%가 오른 겁니다. 신나겠지요? 그래서 우리의 철수, 엄청난 착각에 빠지게 됩니다.

나는 투자에 천부적인 감각이 있었나 봐!

그렇게 자기 과신의 함정에 빠지고 맙니다. '자기 과신의 함정'
이란 자신이 가진 능력을 실제보다 더 크게 평가해서 잘못된 미
래 예측을 하고 낭패를 보게 되는 현상을 일컬어요.

> 투자도 별 것 아니구나. 이렇게 쉽게 돈을 벌 수 있다니. 소
> 심하게 몇 백 투자할 게 아니라 가진 거 다 주식에 투자해
> 야겠어. 난 그만한 능력이 되는 것 같아.

결국 모든 돈을 주식에 투자하게 되지요. 그런데 아뿔싸! 주식
이 출렁대더니 뚝 떨어져 버립니다. 그러면 '아! 내가 아직 그 정
도 실력이 아니구나' 하고 이제라도 멈춰야 하는데 안타깝게도
초심자의 행운이 발목을 잡습니다.

> 난 수익을 많이 낸 경험이 있어! 이번 투자도 잘 될 거야!
> 에이, 설마.

그 결과, 해서는 안 되는 선택을 하게 됩니다. 대출을 받아 주
식에 더 많이 투자한 거예요. 그런데 안타깝게도 주식은 계속 떨
어지고 결국 하락 시세 화살표처럼 얼굴이 파랗게 질린 채 매도
하고 말지요.

그런데 이게 웬일인가요! 그 후 주식이 다시 반등해서 처음 샀
던 가격 언저리로 올라온 겁니다. 그걸 안 봤어야 하는 건데 철

수는 또 보고 말았습니다.

거 봐! 내 생각이 맞았네. 잠깐 실수를 했어.

그렇게 다시 그 주식을 매수하게 됩니다. 그리고 계좌는 완전히 깡통이 되지요. 그럼 철수는 어떻게 생각할까요?

투자란 거 해보니까 완전 도박이야. 할 게 못 돼, 다신 안해! 안전하게 은행에 예금 적금만 해야겠어!

그리하여 투자에 등을 돌리게 되는 것이지요. 지식과 원칙이 받쳐주지 않는 수익은 결국 모래성과 같습니다. 파도가 모두 휩쓸고 가기 전에 이 사실을 꼭 기억하세요.

약속은
반드시 지킬 것

끼이이이이이이익!

급정거 소리가 들렸다. 차가 횡단보도 절반까지 들어온 것 같았다. 그 앞에는 한 남자가 자신의 황당함을 만천하에 호소하듯 입을 떡 벌린 채 운전자와 번호판을 번갈아 노려보며 지나갔다. 큰 사고가 날 뻔했다.

"쯧쯧쯧. 참나, 뭐가 그렇게 바쁘다고."

"그러게요, 선배님. 정말 큰 사고가 날 뻔했어요."

"내가 원칙 얘기했던 거 기억나? 투자에서도 저런 일이 생길 수 있다니까."

"예? 왜 또 갑자기 투자를…."

"왜 또 갑자기가 아니라, 교통 신호 말이야."

아니, 교통 신호가 투자 원칙이랑 무슨 관련이 있다는 건지,

아까 그 남자만큼은 아니지만 나도 약간 황당해지려고 한다.

"녹색 불에 간다. 빨간 불엔 선다. 차도 사람도 마찬가지다. 그리고 사람은 횡단보도로 건넌다. 어때, 참 쉽지?"

그 정도는 초등학생도 아는 거 아닌가?

"그런데 그 쉬운 걸 안 지키면 어떻게 되겠어? 완전 혼란의 도가니로 빠지는 거야. 도로에 차가 다닐 수 없게 될 거야. 투자도 마찬가지거든. 사실 저 교통 신호라는 거, 그게 어디 절대 변치 않는 진리 같은 걸까?"

교통 신호가 진리는 아닌 것 같다.

"신호는 그냥 사람들끼리 정한 약속 아닌가요?"

"그렇지. 약속이야. 사람들끼리의 약속. 그 약속을 모두가 지키니까 교통 시스템이 유지되고, 사람들은 편하게 운전하고…. 투자도 그래. 우리가 전지전능한 신은 아니잖아? 그래서 투자에서 진리 같은 건 없다고 봐야 돼. 있을 수도 있겠지만 그건 인간의 영역이 아니니까. 가끔 그 신의 영역을 알아맞힌다고 주장하는 사람들이 있긴 하다만… 글쎄다…. 뭐, 그거야 어쨌든 간에, 투자를 위해 약속은 할 수 있어. 자기 자신과 하는 약속인 거지. 그리고 그걸 지켜야 너만의 투자 시스템이 만들어지고 유지될 수 있어."

나 스스로와 약속을 하는 거다. 그 약속을 지켜야 내 투자 시스템이 만들어지고 유지될 수 있다.

"가끔 그 약속을 깨고 싶은 충동도 들 거야. 한 번씩 깨도 별 문제 없을 수도 있고. 그런데 그건 그냥 운이 좋았던 것뿐이야. 아까 저 차 봤지? 약속을 깼잖아. 그래서 큰일 날 뻔 했지만 다행히 사고는 안 났지. 그렇다고 약속을 계속 깨뜨리면 어떻게 될까? 언젠가는 사달이 나고 말 거야. 네 투자도 그래. 네 통장은 뒤죽박죽, 엉망이 될 거고, 뭐 하러 이렇게 저축하고 있나, 회의가 들 거야. 그러면 끝인 거지. 그러니 한 번인데 뭐 어때, 이런 생각 절대 하지 말라는 말이야."

단 한 번이라도 나와의 약속을 어기지 말 것, 그게 정말 중요하다, 알겠다. 그런데 그 약속이란 게 감이 안 왔다.

"선배님, 그럼 투자 원칙이란 게 구체적으로 어떤 거예요? 제 자신과 할 수 있는 그런 약속이 대체…."

"네가 무슨 약속을 할지는 네 맘이지. 그건 너 알아서 하고. 내 원칙이 궁금하면 그거나 좀 알려 주마."

"감사합니다, 선배님!"

선배가 알려준 원칙은 이런 것들이었다.

> **첫째, 투자와 투기를 구분한다.**
> 지식과 원칙이 없는 투자는 투기일 뿐. 투기는 반드시 실패한다.

> **둘째, 절대 조급해하지 않는다.**
> 이건 마음만으론 되지 않는다. 그래서 투자할 돈과 저축할 돈을 명확히 구분해 두어야 한다.

> 저축에는 두 종류가 있다.

1. 결국 쓰기 위해 모으는 돈 → 소비성 저축

> 그리고 소비성 저축에도 두 종류가 있다.

    a. 꼭 써야 하는 돈 (예: 자녀 학자금)

       i. 이런 자금은 저축을 통해 만든다.

       ii. 하지만 기간이 10년 이상 남았다면 투자한다.

       iii. 그러다 기간이 3년 내로 접어들면 투자를 정리하고 안전한 저축으로 전환한다.

    b. 꼭 써야 하는 것은 아니지만 쓰면 좋은 돈 (예: 자동차 구입)

       i. 여기에는 선택의 여지가 좀 더 크다. (예: 경차, 준준형차, 준형차 중 무엇을 살까?)

       ii. 이런 자금은 남은 기간이 3년 이내라도 투자한다.

> 그럼 나머지 저축은?

2. 자산을 모으기 위한 돈 → 자산 형성 저축

       i. 이 자금은 무조건 투자한다.

정리하면 현재 이 시점에서 3년 내에 꼭 써야 할 돈은 저축, 남는 돈은 투자한다. 이 원칙을 지키면 시장이 내 예상과 다르게 움직여도 조급하지 않을 수 있다.

> **셋째, 3년 내에 쓸 돈과 3년 후에 쓸 돈을 구분한다**
> 두 번째와 겹치는 부분이 있지만 중요한 원칙이다. 3년 내에 꼭 써야 될 돈으로 는 투자하지 말고 저축한다.

> **넷째, 과도한 욕심을 부리지 않는다.**
> 아무리 높은 산도 정상을 지나면 한없이 내리막길이다. 정상이 가깝다고 생각 되면 욕심 부리지 말고 매도해서 수익을 확보한다.

"선배님. 감사합니다. 이거 제 원칙으로 삼아도 될 것 같습니 다. 명심할게요."

"그건 뭐, 네 마음대로 해. 그런데 이 원칙을 지키려면 꼭 필요 한 게 있어."

"…?"

"지식이야, 지식. 아는 게 있어야 저 원칙을 지킬 수 있다고."

아… 또 공부하라는 말씀이구나. 나도 알만큼은 아는데.

"너도 제법 안다고 생각 중이지? 너 단리랑 복리가 뭔지는 알아?"

관심법을 쓰시는 것이 이제 확실해졌다. 아무튼, 단리와 복리 는 교과서에도 나오는 것 아닌가.

"예, 선배님. 학교에서 배웠습니다. 저 이래 봬도 경제학과 나 왔어요."

"그래? 그럼 설명해 봐!"

설명해 보라고? 아… 그러니까… 아, 그게…. 진짜 아는데… 갑자기 물으니 말문이 탁 막혔다.

"넌 충분히 안다고 생각하겠지만 설명할 수 없는 지식은 지식이 아니다. 항상 내가 좀 안다, 생각할 때 큰 사고가 나. 초보 딱지 뗐을 때! 나도 이제 운전 좀 한다, 할 때 사고 치는 거야!"

워런 버핏의 투자 원칙

투자의 귀재, 오마하의 현인. 바로 세계적인 투자가 워런 버핏을 일컫는 말입니다. 워런 버핏을 모르는 분이 없을 겁니다. 역사상 가장 성공한 투자가, 워런 버핏에게도 투자 원칙이 있습니다.

1. 절대 돈을 잃지 않는다.
2. 첫째 원칙을 반드시 지킨다.

뭔가 좀 당연한 얘기 같지요? 그런데 이 원칙이야말로 정말 중요한 포인트입니다. 투자를 하다 보면 계좌에 찍힌 평가금액을 보고 평정심을 잃는 경우가 많기 때문입니다. 하지만 평가금액이 널뛰기를 하더라도 실제로 매도해서 확정 짓지 않는 이상, 그건 그냥 숫자에 불과합니다. 아무리 평가수익이 높아도, 반대로 아무리 평가손실이 커도, 매도해서 실현시키지 않는 이상 아무 것도 아니라는 뜻이지요. 워런 버핏이 원칙을 지킬 수 있었던 것은 평가손실이 나 있는 경우엔 매도를 하지 않았기 때문인데 그건 그만의 확고한 기준으로 엄선된 주식을 매수했기에 가능했던 것이지요.

꼼꼼히 분석해서 매수한 주식이라면, 혹은 열심히 공부한 후 가입한 펀드라면 투자 기간 중에 마이너스 평가금액이 찍히더라도 절대 흥분하면 안 됩니다. 좋은 주식과 좋은 펀드는 언젠가는 꼭 회복해서 플러스 수익을 줄 테니까요. 물론 열심히 공부하고 분석해서 확신을 갖고 투자한 경우에만 지킬 수 있는 원칙이지요.

이 원칙이 왜 중요한지 수익률 측면에서도 살펴봅시다. 예를 들어,

- 100만 원을 투자했는데 50만 원이 되었습니다. 수익률은 −50% 이지요?
- 그럼 이 50만 원에서 수익률이 +50%를 찍으면 금액도 다시 100만 원으로 돌아올까요?
- 아닙니다. 50만 원에 대한 50% 수익이기 때문에 수익금이 25만 원밖에 되지 않아요. 따라서 50% 수익이 나더라도 금액은 75만 원에 그칩니다.
- 원금에 해당하는 100만 원으로 돌아오기 위해서는 무려 100% 수익률이 필요합니다.

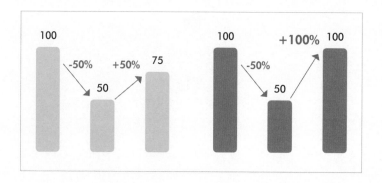

손실을 회복하기란 이렇게 힘이 듭니다. 그러니 우리도 워런 버핏처럼 절대 돈을 잃지 맙시다.

그리고 이 다짐을 지키기 위해서는 원칙과 지식을 바탕으로 투자해야 한다는 사실! 다시 한 번 기억하세요. 본인의 예상과 다른 시장의 하락이 오더라도 자금을 지킬 수 있는 투자법을 곧 알려드릴 테니까요.

복리의
힘!

"개가 강아지를 한 마리 낳았어. 물론 한 마리씩 낳는 경우는 드물지만 예를 들어보는 거야. 아무튼 그래서 개가 두 마리가 됐지. 그런데 다음 해에 강아지를 또 한 마리 낳았네? 이제 개가 세 마리야."

이건 또 무슨 소리인가? 개들이 집안을 이리저리 뛰어다니는 상상이 됐다.

"자! 그러면 수익률이 몇 프로지? 연 100% 맞지?"

"예, 그렇겠네요. 일 년에 한 마리씩 더 생겼으니까요."

"그럼 이렇게 십 년 동안 매년 한 마리씩 강아지를 낳으면 총 몇 마리가 될까?"

"열 마리요."

"바보냐? 엄마 개는 어디다 팔아먹었어?"

"아! 열한 마리요."

이제 상상 속에서 집안을 뛰어다니는 개가 열한 마리가 됐다. 정신이 없다.

"그럼 이건 어떨까? 개가 강아지를 한 마리 낳았어. 그래서 두 마리가 됐지. 그 다음해 또 한 마리를 낳았어. 그런데 이번엔 작년에 태어났던 강아지도 새끼를 한 마리 낳은 거야. 그러면 이제 모두 몇 마리일까?"

머릿속으로 빠르게 상상해 봤다. 엄마 강아지랑 새끼 강아지… 엄마 강아지가 낳은 두 번째 새끼 강아지… 새끼 강아지가 낳은 또 다른 새끼 강아지. 총 네 마리네?

"네 마리요!"

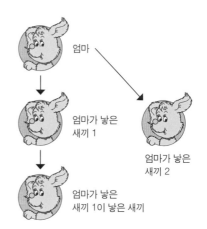

엄마

엄마가 낳은
새끼 1

엄마가 낳은
새끼 2

엄마가 낳은
새끼 1이 낳은 새끼

"오케이, 맞아. 그럼 그렇게 십 년이 지나면 개가 총 몇 마리지? 매년 한 마리씩 낳은 거야. 새끼 강아지들도."

뭐야? 새끼가 새끼를 낳고 그 새끼가 또 새끼를 낳는데, 그 어미가 또 새끼를 낳고… 계산이 안 된다.

"잘 모르겠는데 엄청 많을 것 같은데요?"

"십 년이 지나면 1,024마리가 된다. 근데 이건 또 연간 수익률이 몇 프로일까?"

"엄청 높겠죠, 계산은 안 되지만."

"이것도 100%야, 연으로 치면."

"예? 말도 안 돼요. 이게 어떻게 연 100% 예요? 훨씬 더 될 것 같은데요."

턱도 없는 소리 같았다.

"아냐, 이것도 100%야. 앞의 경우엔 단리 100%, 뒤의 경우엔 복리 100%인 거지. 단리냐 복리냐에 따라 열한 마리가 될지 천 스물네 마리가 될지 결정된다고."

11마리와 1,024마리라. 엄청난 차이다.

"어미만 새끼를 낳느냐, 새끼도 같이 새끼를 낳느냐. 원금에만 이자가 붙느냐, 이자에도 또 이자가 붙느냐에 따라 이렇게 차이가 나. 만약 십 년이 아니라 이십 년이 지나면 어떻게 될까?"

20년이라고? 모르긴 몰라도… 초등학교 운동장 하나쯤은 개로 가득 채울 수 있지 않을까?

72의 법칙

'72의 법칙'을 아시나요? 복리로 굴렸을 때 원금이 두 배가 되는 기간을 아주 간단히 계산할 수 있는 방법입니다. 무슨 이야기인지 확인해볼까요?

1. 1억 원을 투자했습니다! (와우, 부럽다!)

2. 연 복리 이자율이 6%일 때, 1억 원이 2억 원이 되려면 시간이 얼마나 걸릴까요?

잘 모르시겠다면… 간단한 계산법이 있습니다.

3. 72를 이자율로 나누어주면 됩니다.

$$72 \div 6 = 12$$

4. 따라서 12년이 지나면 1억 원이 2억 원이 되는 것이지요.

그런데 만약 12년이 더 지나 24년째가 되면 어떨까요? 3억이 될까요? 그렇지 않습니다. 2억 원의 두 배인 무려 4억 원이 되지요. 초기 자금의 네 배입니다.

그럼 36년째에는요? 이제 쉽게 짐작할 수 있을 거예요. 4억 원의 두 배인 8억 원이 됩니다. 놀라운 수익이지요.

그리고 만약 6%가 아니라 8% 이자를 받을 수 있다면 어떨까요? 9년 후에는 원금의 두 배인 2억 원이 되고, 18년 후에는 4억 원, 27년 후에는 8억 원이 됩니다. 이자율 2% 차이가 엄청나지요?

여기서 우리는 투자할 때 중요한 두 가지 기본 요소를 정리할 수 있습니다.

시간은 길수록! 이자율은 높을수록! 수익이 엄청나게 불어난다는 것. 물론 단리와 복리의 차이도 기억해야겠지요.

은행 예적금을 복리로 굴리는 법

단리보다는 복리로 자금을 굴릴 수 있다면 훨씬 좋겠지요? 그런데 복리가 적용되는 상품은 거의 다 투자형 상품입니다. 주식이 대표적이고 주식형 펀드도 마찬가지지요. 이런 투자형 상품 외에 안정적인 금리가 적용되는 복리형 상품은 보험사의 공시이율형 저축성 보험밖에 없다 해도 과언이 아닙니다. 그런데 투자는 너무 위험해서 피하고 싶고, 보험사 상품은 초기 비용을 많이 차감하는 특성 탓에 납입 원금을 보장받기까지 시간이 너무 길어 피하고 싶다면 결국 은행의 예·적금을 이용할 수 밖에 없지요. 그런데 안타깝게도 은행의 예·적금은 거의 단리로 운영되고 있습니다. 가끔 복리가 적용되는 상품도 있지만 만기가 길어봐야 3년 정도에 불과하고 납입액에 한도를 둘 때도 많아 복리 효과를 제대로 얻기가 힘듭니다. 그러나 이런 경우라도 예·적금을 활용해 연 복리처럼 운용할 수 있는 방법이 하나 있습니다.

1단계 : 1년 만기 적금 가입

우선 1년 만기 적금에 가입합니다. 이때 이자 계산에 대해 한 가지 알아둘 점이 있습니다. 이해를 돕기 위해 납입금액을 월 100만 원씩, 이자율은 연 2%로 가정해 봅시다. 이렇게 1년이 지나면 이자는 얼마가 될까요? 12개월을 납입했으니 원금은 1,200만 원 이고, 이자율이 2%이니 1,200만 원의 2%에 해당하는 24만 원의 이자수익을 기대하기 마련입니다. 안타깝게도 실제론 그렇지 않습니다. 만기 시 이자는 24만 원이 아니라 13만 원이 됩니다. 왜 그럴까요?

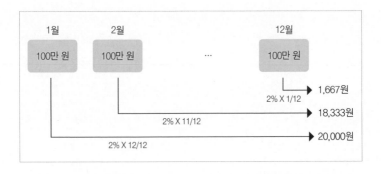

위의 그림이 보여주듯, 첫 달에 들어간 100만 원에 대해선 온전히 1년치 이자를 다 받게 되지만, 둘째 달에 들어간 100만 원에 대해선 1년 12개월 중 11개월치의 이자만, 그리고 마지막 달

에 들어간 100만 원에 대해선 12개월 중 1개월치의 이자만 받을 수 있기 때문입니다. 그래서 1년치 이자 총액은 13만 원에 불과한 것이지요. 여기에 15.4%의 이자소득세도 원천징수를 통해 부과하기 때문에 실제 이자수익은 109,980원에 불과합니다.

| 월 100만 원 | 1년 후 → | 24만 원(X) |
| 이자율 2% | | 13만 원 - 이자소득세 = 109,980원(O) |

2단계 : 1년 만기 예금 가입 + 1년 만기 적금 재가입

그럼 적금 만기 시, 원금과 이자를 합쳐 12,109,980원을 찾게 됩니다. 이 원리금을 1원 한 푼 흘리지 않고 그대로 1년 만기 예금에 가입합니다. 그리고 동시에 다시 1년 만기 적금에 가입하는 것이죠.

이렇게 1년이 또 흘러 만기가 되면 어떻게 될까요? 우선 적금은 또 12,109,980원이 될 것이고 예금은 이자가 붙어 12,314,881원이 되겠지요(이자소득세 15.4% 차감 후). 이때 이 예금의 원리금과 적금의 원리금을 합하여, 즉 24,424,861원을 그대로 다시 1년 만기 예금에 가입하고 동시에 적금을 다시 가입하는 것이지요. 그리고 만기가 되면 이 과정을 계속 반복하는 것입니다. 이런 식으로 운용하면 단리 상품이라도 연 복리 상품처럼 운용할 수 있습니다.

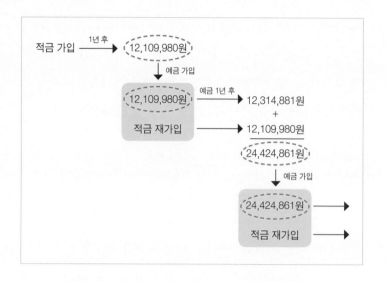

그런데 적금 만기 후 예금에 가입할 때면 늘 유혹이 생깁니다. 이자는 떼고 원금만 예금을 들면 안될까? 109,980원은 맛난 거 사 먹고 1,200만 원 만 예금을 들까? 하지만 그렇게 해서는 복리 효과를 전혀 얻을 수 없습니다. 그 보다는 에누리를 보태는 편이 낫습니다. 9만 20원을 더해 1,220만 원으로 예금에 가입하면 더 좋은 효과를 얻을 수 있지요.

그러나 아쉽게도 현재 은행 금리가 너무 낮아서 수고에 비해 보상이 너무 미미한 것 같습니다. 아래 표를 확인해 볼까요? 위 와 같은 방법으로 2% 금리의 10년간 예·적금을 반복했을 때의 결과입니다.

적금 계산

적금 금리	2%		목표 기간	10년
예금 금리	2%		납입 원금	120,000,000원
세율	15.40%		세후 원리금	130,748,942원
적립 금액	1,000,000원			

　납입 원금이 1억 2천만 원인데 10년 말 원리금이 130,748,942 원이니 10,748,942원의 이자가 붙었네요. 적은 금액은 아니지만 들인 시간과 노력에 비하면 수익이 너무 적지 않나요?

　만약 이자율이 2%가 아니라 6%라면 어떻게 될까요?

적금 계산

적금 금리	6%		목표 기간	10년
예금 금리	6%		납입 원금	120,000,000원
세율	15.40%		세후 원리금	155,635,906원
적립 금액	1,000,000원			

　이자가 35,635,906원이 발생하게 됩니다. 2%인 경우와 비교하면 상당히 큰 이자수익이지요.

이제는 저금리 시대가 되었습니다. 시대가 바뀌었지요. 더 이상 저축에만 매달리지 말고 투자로 넘어가야 합니다. 저축에서 투자의 시대로 바뀌었다는 것이죠. 이젠 6%는 커녕 3% 금리를 주는 상품도 없으니까요. 정말로 익숙함과 이별해야 할 시간입니다. 은행의 울타리를 떠나 투자의 세계로 같이 모험을 떠나 볼까요?

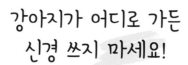

강아지가 어디로 가든
신경 쓰지 마세요!

　20대 후반? 아니 30대 초반? 한 여자가 생각에 잠긴 듯 우두커니 멈춰 서서 핸드폰을 쳐다 보고 있다. 그리고 그 주위로 브라운 운동을 하듯 좀체 예상할 수 없는 발랄함으로 바쁘게 뛰어다니는 강아지가 보였다. 앞으로 뒤로, 좌로 우로, 세상 모든 것이 신기한 듯 코를 킁킁거리면서. 가을을 재촉하는 비가 내린 다음 날, 아직 열기가 남아 있는 햇살 사이로 시원한 바람이 살랑대기 시작하는 너무나 청명한 9월의 일요일이었다.

　"이 좋은 날 똥 씹은 표정을 하고 있는 이유는 뭔가?"

　선배님이었다.

　"아! 안녕하세요, 선배님!"

　열심히 아꼈다. 골로 갈 놈의 조롱을 참아내며 정말 열심히 아꼈다. 그 결과 카드 대금과 대출을 갚은 지 5개월 만에 재미 통장에 50만 원이 모였다. 무엇을 살까나? 무얼 사야 재미가 있을까? 고민 고민 끝에 사기로 결정한 것은 바로, 주식이었다. 경험해 보는 것이 중요하다 하셨으니까! 뭐 아직 공부를 많이 한 건 아니지만 거액을 투자할 것도 아니니까 상관없을 거라 생각했다.

그런데 그 주식이 사자마자 떨어지기 시작하더니 지금은 10만 원이나 손실을 내고 있었다. 가슴이 미어졌다.

"어… 주식을 샀습니다. 근데… 너무 떨어져서요… 아시잖아요, 제가 어떻게 모은 돈인지…."

왼쪽 입술을 살짝 실룩대는 모습이 곧 욕이 튀어나올 것만 같았다. 다행히 생각보다는 부드럽게 말씀하셨다.

"왜 샀냐?"

그러게… 왜 샀을까? 그냥 이번에 나온 신차가 예뻐 보여서…. 그리고 우연히 채널을 돌리다 얻어 걸린 경제 방송에서 그 종목을 추천하길래… 샀다. 게다가 결정적으로 주식은 대표적인 복리 수익률이 적용되는 상품이라고 하셔서….

"저 강아지 보여? 사방팔방 방방 뛰어다니는 저 강아지."

"예. 아까부터 보고 있었어요."

"저 강아지가 어디로 갈까?"

"모… 모르겠는데요…."

"당연한 건데 그걸 모른다고? 저 강아지는 저 여자가 가는 곳으로 따라가겠지. 허허허, 무슨 말인지 모르겠어? 주가는 저 강아지랑 같아. 오늘 당장 오를지 떨어질지는 알 수가 없어. 그런데 결국에는 정해진 목적지를 향해 움직일 수밖에 없어."

"?"

"당장 오르고 내리는 출렁임에는 신경 쓰지 말라고. 정작 신경써야 되는 건 뭔지 알아?"

"글쎄요…."

"저 여자의 목적지가 어디인가, 하는 거지. 주식의 궁극적인 목적지는 결국 실적이야. 실적대로 주가는 따라가게 되어 있거든. 그러니까 저 여자 주변에 천방지축 뛰어다니는 강아지는 신경 쓰지 말라고. 애써봤자 산책용 끈 길이만큼이니까."

아하, 그렇구나! 그럼 지금 주가가 좀 떨어져도 아무 문제 없는 거겠네? 조금은 마음의 평화가 찾아왔다.

"근데 지금 너의 가장 큰 문제가 뭔지 알아?"

"흠… 너무 조급해했다는 건가요?"

"그것도 문제이긴 한데, 더 큰 문제가 있어. 저 여자가 어디로 가는지 모른다는 거지."

멍했다. 머리를 긁적일 수 밖에. 선배가 갑자기 몸을 일으키며 말했다.

"투자하랬지, 도박하랬냐?"

EPS? PER? 주식가치 구하는 법

내가 투자한 주식의 적정 가격은? 얼마인지 궁금하실 것입니다. 그 값을 아주 쉽게 계산하는 방법이 하나 있지요. 기업의 실적에 근거해 적정 가치를 산출하는 방식이에요.

우선 EPS라는 것을 구해야 합니다. EPS란 Earning Per Share의 앞 글자를 딴 용어로, '주당 순이익'이라고도 합니다. 한 회사가 일 년간 벌어들인 수익, 전문적인 말로 '당기순이익'을 그 회사가 발행한 주식 수로 나누면 구할 수 있는 지표지요.

EPS = 당기순이익 ÷ 발행 주식

예를 들어 볼까요? A라는 회사는 1년 당기순이익이 10억 원,

발행 주식수가 10만 주입니다. 그럼 A 회사의 EPS는 얼마일까요?

10억 원 ÷ 10만 주 = 10,000원

네, 10,000이 됩니다.

그 다음에 필요한 개념이 PER입니다. PER은 Price Earning Ratio의 앞 글자를 따서 만든 용어로 '주가수익비율'이라고 부르지요.

PER = 주가 ÷ EPS

B라는 회사가 있다고 합시다. 이 회사의 주가는 10만 원, EPS가 1만 원이라면 PER은 얼마일까요?

10만 원 ÷ 1만 원 = 10

네, 이 회사의 PER은 10입니다. 그럼 현재 적정 주식가격에 거래되고 있다고 할 수 있을까요? PER은 현재 주가가 적정한 수준인지 알려주는 지표이긴 합니다. 그러나 절대적인 지수는 아니고 비교 지수 입니다. 즉, EPS의 경우엔 높을수록 좋지만 PER은 그렇게 판단할 수 없다는 것이지요. 그러니 이 회사의 주가가 적정한지 알 수는 없겠지요? 그러나 비교는 할 수 있습니다.

예를 들어 동종업체 C사는 주가가 20만 원입니다. 언뜻 보면 C사가 더 고평가되어 있는 것 같지요. 그런데 C사의 EPS가 4만 원이라고 하네요. 따라서 C사의 PER은 5가 되지요.

20만 원 ÷ 4만 원 = 5

이렇게 계산하고 보니
- B사 PER = 10
- C사 PER = 5

B사보다 C사가 저평가 되어있다는 것을 알 수 있습니다. 그렇다고 해서 C사가 절대적으로 저평가되었다고 말할 순 없습니다. 그러나 상대적으로 B사에 비해선 저평가되어 있다라고 판단할 수 있다는 것이지요. 따라서 특이사항이 없다면 B사보다는 뒤의 C사에 투자하는 편이 좋습니다.

여기서 기억할 점은 주가가 낮다고 정말로 '싼 값'은 아니라는 것입니다. 그러니 '어라, 이 회사는 주가가 5,000원밖에 안 하네? 싸니까 사자!' 하면 절대로 안 된다는 말씀! 기업의 PER을 살펴볼 때는 동종업계의 평균 PER과 경쟁사의 평균 PER을 보면 판단의 잣대가 될 수 있습니다.

자, 이쯤 되면 '내가 산 주식이 계속 오를 수 있을까, 없을까'하는 질문이 생기게 마련이지요. 기업의 PER이 변하지 않는다면 그 주가를 결정 짓는 요소는 바로 실적입니다. 실적이 점점 오른다면 EPS도 점점 올라갈 테고, 주가도 계속 오르게 됩니다. 그러니 우리는 주식을 사둔 다음, 3개월에 한 번씩 분기 실적만 확인하면 되지요.

그럼 이익이 나지 않거나 손실을 보고 있는 기업의 적정 주가는 어떻게 산정할 수 있을까요? D사의 이익이 -1억 원이라면 당연히 EPS도 마이너스가 됩니다. 따라서 실적을 가지고 해당 기업의 적정 주식을 계산하는 것은 불가능 하지요. PER을 적용해도 주가가 마이너스 값이 나오기 때문입니다.

이럴 때는 기업의 성장 가능성이나 매출액 증가율 등 다른 보조적인 지표들을 통해 주가를 산정합니다. 그러나 솔직히 이런 곳에는 투자를 안 하는 편이 좋지요. 물론 투자해서 수익을 낼 수도 있어요. 하지만 그건 소위 선수들이나 쓸 수 있는 기술이거든요. 온종일 주가 상황판을 쳐다볼 수 있는, 투자를 업으로 하는 전문가들 말이에요. 최악의 경우에는 여러분이 매입한 주식이 '상장 폐지'라는 절차를 통해 휴짓조각이 될 수도 있으니 우리는 실적이 꾸준히 상승하는 기업에 투자하는 것이 마음 편한 길입니다. 본업에도 충실하고 수익도 누려야 하니까요.

좋은 펀드를 고르는 법

우리 본업이 주식투자는 아니죠. 그래서 주식 직접투자는 별로 권하고 싶지 않습니다. 한 주라도 주식에 투자해 본 적이 있다면 그것이 얼마나 신경 쓰이는 일인지 알 겁니다. 그래서 간접투자를 추천합니다. 직접 투자를 꼭 하고 싶다면 재미 통장에 모인 돈으로 하는 것이 좋습니다.

간접 투자를 할 때 가장 쉽고 효율적인 상품은 바로 펀드입니다. 펀드란 투자 전문기관이 불특정 다수의 일반인으로부터 자금을 모아 투자를 한 후, 수익금을 다시 일반 투자자들에게 나누어 주는 대표적인 간접투자상품입니다.

펀드 투자의 장점은 크게 두 가지입니다.

첫째, 소액으로 엄청난 분산 투자 효과를 누릴 수 있습니다.

아래 표를 볼까요?

(단위:원)

구분	A	B	C	D	E
1월 1일	10,000	10,000	10,000	10,000	10,000
12월 31일	9,000	9,500	10,500	13,000	12,000
손익	-1,000	-500	500	3,000	2,000
수익률	-10.0%	-5.0%	5.0%	30.0%	20.0%

- A에서부터 E까지 다섯 가지 투자 대상이 있고
- 각각의 기대수익률은 동일합니다.
- 각 투자 대상에게 투자하기 위한 최소 투자금은 1만 원 이라고 합시다.

Case1. 1월 1일 현재, 여러분에게는 투자금 1만 원이 있습니다. 각 대상의 최소 투자금이 1만 원이니 다섯 곳 중 단 하나에만 투자할 수 있겠죠? 운이 좋아 D를 선택했다면 연말에 수익률은 30%나 됩니다. 성공한 투자지요. 반대로 운이 나빠 A를 선택했다면 연말 수익률은 -10% 입니다. 기대수익률이 동일하기 때문에 이런 투자 성과는 거의 운에 달렸다고 봐도 무방합니다.

(단위:원)

구분	A	B	C	D	E	분산투자
1월 1일	10,000	10,000	10,000	10,000	10,000	50,000
12월 31일	9,000	9,500	10,500	13,000	12,000	54,000
손익	-1,000	-500	500	3,000	2,000	4,000
수익률	-10.0%	-5.0%	5.0%	30.0%	20.0%	8%

Case2. 그런데 만약 5만 원이 있어서 투자 대상 다섯 곳에 1만 원씩 투자했다면 어떻게 됐을까요? 50,000원을 투자했는데 연말에 평가금액이 54,000원이니 4,000원의 수익이 생겼을 것입니다. 수익률은 8%에 달하지요.

(단위:원)

구분	A	B	C	D	E	분산투자
1월 1일	10,000	10,000	10,000	10,000	10,000	50,000
12월 31일	9,000	9,500	10,500	13,000	12,000	54,000
손익	-1,000	-500	500	3,000	2,000	4,000
수익률	-10.0%	-5.0%	5.0%	30.0%	20.0%	8%

즉, 1만 원으로 한 종목에 투자했을 경우 손해가 날 확률이 40%, 수익이 날 확률이 60%인데 반해 5만 원으로 골고루 투자했을 8% 수익을 얻을 확률이 100%인 것이죠. 그래서 분산 투자가 중요합니다.

그런데 문제가 하나 있습니다. 바로 자금입니다. 1만 원밖에 없을 때는 분산 투자를 하고 싶어도 어쩔 수 없이 한 종목에만 투자해야 하니까요.

여기에 대한 해결책이 바로 펀드 투자입니다. 어떻게 해결할 수 있냐고요? 펀드 상품을 통해 1만 원을 보유한 5명이 모입니다. 각자 1만 원을 납입해서 5만 원을 조성하면 투자 대상 A부터 E까지 골고루 투자할 수 있게 됩니다. 그 후 수익금을 공평하게 다시 나누면 1만 원으로도 다섯 종목에 모두 투자하는 셈이죠.

이것은 이해를 돕기 위해 아주 단순한 예를 든 것에 불과합니다. 현실에선 어떨까요? 그 이름도 유명한 삼성전자는 한 주가 거의 300만 원에 달합니다. 그러니 매달 삼성전자 주식을 한 주씩 살 수 있는 사람도 많지 않겠죠? 그런 상황에서 개인이 여러 종목에 분산 투자한다는 건 거의 불가능합니다. 더구나 주식이 우리나라에만 있는 것은 아니죠. 해외에도 얼마든지 좋은 주식이 있습니다. 또한 투자처가 주식만 있는 것도 아니죠. 가령 채권 투자도 있습니다. 그런데 채권도 국내 채권뿐 아니라 해외 채권도 있고, 국내 채권만 하더라도 회사채, 공채, 국채 등 아주 다양한 종류가 있으니까요. 그런데 펀드 상품을 이용하면 소액만 납입해도 이런 많은 투자처에 효율적으로 분산 투자를 할 수 있습니다.

펀드도 펀드마다 투자 대상이 정해져 있습니다. 주식이냐 채권이냐 하는 문제뿐 아니라 글로벌이냐 한국이냐, 혹은 일본이냐 중국이냐 등등의 지역별 대상, 그리고 모든 업종이냐 IT 또는 헬스케어냐 등 업종별 대상까지도 모두 정해져 있습니다.

즉, 한국의 헬스케어 산업에만 투자하는 펀드가 있는 반면, 전 세계의 모든 업종에 제한 없이 투자하는 펀드도 존재합니다. 펀드에 투자할 수 있는 최소금액이 1만 원이라면 글로벌 주식형펀드에 1만 원, 글로벌 채권형 펀드에 1만 원, 이렇게 2만 원 만으로도 전 세계 거의 모든 자산에 분산 투자하는 효과를 얻을 수 있습니다.

펀드 투자에 익숙하고 어느 정도 지식이 있다면 특정 섹터에 투자하는 펀드에 가입하는 것도 좋습니다. 주식에서는 업종을 바꿔가며 시세가 상승하는 '순환매 장세'가 흔히 나타나기 때문입니다. 한동안 IT 업종이 상승했다가 어느 정도 지나면 헬스케어 업종, 그 다음엔 증권 업종이 상승하는 식의 현상이 일어나게 됩니다. 이런 장세를 잘 읽을 수 있다면 타깃이 될 섹터에 투자하는 펀드에 가입하고 지속적으로 펀드를 교체해 가면 상당한 수익을 얻을 수 있겠죠. 그러나 이런 경우 예상이 틀리면 낭패를 볼 수도 있습니다. 또한 본업이 있으니 업무를 제쳐두고 펀드에만 신경 쓰기도 힘들지요. 그래서 안정적으로 전세계 업종에 제한 없이 투자하는 펀드에 가입하는 것을 권합니다.

둘째, 펀드의 또 다른 장점은 운용의 전문성입니다. 펀드를 운용하는 전문인력, 펀드매니저들은 펀드 관리가 본업입니다. 그런 사람들에게 운용을 맡기는 것이 직접 주식에 투자하는 것보다 좀 더 좋은 성과를 낼 확률이 크지 않을까요? 여러분에게도 본업이 있는데, 만약 펀드매니저를 불러와서 여러분의 업무를 맡긴다면 그들이 과연 여러분보다 더 잘 해낼 수 있을까요? 그렇지 않을 겁니다. 같은 논리로 생각한다면 여러분이 직접 주식을 운용하는 것보단 펀드매니저에게 맡기는 편이 보다 나은 성과를 기대할 수 있을 것입니다. 물론 항상 꼭 그렇지는 않을 수 있습니다. 그래서 펀드를 고를 때에는 펀드를 평가할 줄 알아야 합니다. 그러면 펀드 평가법에는 어떤 것이 있을까요? 간단하게는 다음과 같은 방법이 있습니다.

1. 펀드수익률 추이

펀드수익률 추이

각 증권사 홈페이지나 펀드슈퍼마켓에 접속하면 펀드에 대해 간단히 정리한 자료를 볼 수 있습니다. 우선 펀드수익률 추이부터 살펴 보시면 됩니다. 여기엔 세 가지 종류의 수익률이 나옵니다. 각 수익률이 의미하는 것부터 먼저 살펴보자면

1. 유형수익률 : 펀드마다 유형이 있다는 것을 앞에서 설명 드렸죠. 유형수익률은 그 펀드가 속한 유형의 펀드들의 평균 수익률을 의미합니다. 해당 펀드가 해당 유형 펀드들에 비해 운용이 잘 되고 있는지 아닌지 비교할 수 있는 기준이 됩니다.

2. BM수익률 : BM수익률은 벤치 마크 수익률로서 시장 전체의 평균 수익률을 의미합니다. 국내 주식형은 KOSPI지수나 KOSPI200지수를, 해외 주식형은 MSCI지수 등을 기준으로 작성되며, 해당 펀드가 시장 평균 수익률보다 뛰어난 성과를 내고 있는지 확인할 수 있는 기준이 됩니다.

3. 펀드수익률 : 펀드수익률은 말 그대로 해당 펀드의 수익률을 의미합니다.

당연히 펀드수익률이 유형수익률과 BM수익률보다 높을수록 좋은 펀드라고 할 수 있겠죠? 그러나 비교를 할 땐 3개월, 6개월 등 너무 짧은 기간의 수익률을 참고하기 보단 최소 1년 이상의 수익률을 비교하는 것이 좋습니다. 기간별 수익률은 아래 표로 더 간단하게 확인해 볼 수 있습니다.

(단위: %)

	1주	1개월	3개월	6개월	1년	2년	연초대비	설정이후
펀드수익률	0.28	1.58	4.81	9.00	7.19	14.46	0.36	49.63
유형수익률	-0.62	0.29	4.54	8.22	5.24	8.12	2.55	-
BM수익률	0.32	2.46	7.72	15.21	12.54	1.85	9.35	30.04

BM수익률은 모닝스타 유형 분류의 대표지수 기준 수익률

펀드 유형이나 BM, 설정일은 아래 정보로 확인할 수 있습니다.

기본 정보

펀드기구/유형	증권/주식형
집합투자업자	○○○○자산운용
모닝스타유형	글로벌 주식형
기준지수(BM)	MSCI AC World NR USD
설정일	2013.01.16

2. 펀드 설정액

그 다음으로 확인해 볼 지표는 189쪽 그래프에서 음영으로 표시된 설정액 부분입니다. 설정액이란 해당 펀드가 운용 중인 자금의 규모를 의미하는데, 지속적으로 늘어나는 펀드가 좋은 펀드입니다. 실적이 좋아야 자금의 규모가 성장할 수 있고, 그러다 보면 인기를 끌어 새로 유입되는 투자금이 늘기 때문입니다. 그

리고 펀드매니저도 사람인지라 자신이 운용하는 펀드에 꾸준히 관심이 쏟아지면 아무래도 조금 더 신경을 써서 운용하는 것이 사실입니다.

정리하자면 유형수익률, BM수익률보다 꾸준히 높은 수익을 올리는 펀드, 설정액이 지속적으로 늘어나는 펀드가 좋습니다.

이번에는 조금 더 전문적으로 펀드를 평가하는 방법에 대해 알아볼까요?

3. 변동성 지표

변동성 정보

구분	6개월		1년	
	펀드	유형	펀드	유형
샤프지수	1.65	1.64	-0.22	0.00
표준편차	10.14	10.34	17.38	16.46
알파	14.33	5.88	3.18	2.05
베타	0.35	0.44	1.22	1.12

펀드의 기본 정보에서 샤프지수, 알파, 베타 등 변동성 지표를 확인할 수 있습니다.

여기에 중요한 정보가 숨어 있습니다.

① 샤프지수 : 특정 펀드가 한 단위의 위험자산에 투자하여 얼

은 초과수익 정도를 나타내는 지표입니다. 설명이 좀 어렵지요? 쉽게 말하자면 모든 투자엔 위험이 따르고 수익은 그 위험을 감수한 대가라고 볼 수 있는데, 좀 더 위험한 대상에 투자했을 때 과연 그에 상응하거나 그 보다 더 높은 대가(수익)를 얻었는지를 보여주는 지표입니다. 당연히 샤프지수가 높을수록 펀드매니저의 능력이 좋다고 판단할 수 있습니다.

② 알파 : '젠센의 알파'로도 불리는 지표입니다. 포트폴리오 성과 분석 시 증권시장에서 기대하는 균형상태의 포트폴리오 수익률보다 얼마나 많은 또는 적은 수익률을 올렸는지를 보여주는 척도입니다. 이번에도 설명이 어렵죠? 쉽게 말하면 주식시장의 평균 수익률보다 얼마나 잘했나, 못했나를 평가하는 지표입니다. +이면 시장평균수익률 보다 우수하다는 의미이고, −이면 그 반대가 되겠죠. 당연히 알파가 높을수록 펀드매니저의 능력이 좋다고 할 수 있습니다.

③ 베타 : 증권시장 전체의 변동에 대한 개별자산 수익률의 민감도를 나타냅니다. 즉, 시장이 1% 변동할 때 해당 펀드 수익률은 몇 % 변동했는지 보여주는 지표입니다. 베타가 1이라면 시장과 완전히 동일하게 움직였다는 뜻이고, 1보다 크면 시장 변동성보다 더 크게, 1보다 작다면 시장 변동성보다 더 작게 변동했다는 것을 의미하죠. 이 베타 지수는

무조건 높거나 무조건 낮다고 좋은 것이 아닙니다. 좀 더 공격적 성향을 가진 투자자라면 베타가 높은 펀드를, 안정적인 것을 추구하는 투자자라면 베타가 낮은 펀드를 선택하는 것이 좋습니다.

정리하자면 샤프지수와 알파는 높을수록 좋은 펀드이며 베타는 투자 성향에 따라 판단하면 됩니다. 다만 베타는 낮은데 샤프지수와 알파가 높고, 장기 수익률 추이가 유형수익률과 BM수익률을 지속적으로 초과하며 설정액이 꾸준히 늘고 있는 펀드라한다면? 두말한 나위 없이 최고의 펀드겠지요?

모르면 위기,
알면 기회!

"그래서. 뭐?"

그래서? 그래서라고? 헉, 그래서라니…!

"선배님! 지금 제 펀드가 거의 반 토막 났단 말입니다!"

울고 싶었다. 아니, 사실 좀 울었다. 골로의 놀림을 겨우 이겨내며 어렵게 가입한 적립식 펀드였다. 그게 이 꼴이 났다.

"전 세계가 다 떨어지는 데 뭐 어떻게?"

너무 태평하신 게 아닌가… 난 이렇게나 슬픈데….

"야. 원래 한 30만 원 하던 글러브가 있어. 근데 사장이 살짝 미쳐서 그걸 15만 원에 파는 거야. 그럼 넌 그걸 살래, 안 살래?"

"사지요!"

"왜?"

"아니, 하나 살 돈으로 두 개를 살 수 있잖아요! 나중에 다시 팔 수도 있는데."

"그렇지."

"예?"

"그거야. 펀드가 반 토막이 났지? 시장이 미친 거야. 글러브 회
사 사장이 미친 것처럼. 그래서 지금은 하나를 살 돈으로 두 개
를 살 수 있지."

"아!"

"시장은 금방 정신을 차릴 거야. 글러브로 치면 15만 원에 팔
던 걸 다시 30만 원에 팔게 되는 거지. 예를 들어서 네가 30만 원
에 글러브를 하나 샀는데, 15만 원으로 떨어져서 두 개를 더 샀
다고 하자. 그럼 글러브가 총 몇 개야?"

"세 개요."

"그거 팔면 얼마 받겠어? 하나에 30만 원씩 팔면?"

"90만 원이죠."

"그렇지. 근데 넌 그 글러브 세 개를 얼마에 샀지?"

"60만 원이요. 아, 그럼 30만 원을 벌었네요!"

"그런 거야. 그러니깐 계속 사둬. 매달 사는 적립식 펀드라며?
그거 절대 멈추지 마. 가능하면 더 사두라고."

"그런데요… 시장이 많이 미쳐서 회복을 못하면 어떻게 하죠?"

"그런 걱정은 하지 마라."

"왜요? 그럴 수도 있잖아요."

"그럴 순 없어. 만약 그런다면 그건 세상이 망한 거야. 그러니 그런 걱정은 집어치우고 난 바보다, 하고 계속 사라고!"

"그래도 될까요?"

"강아지 산책시키던 여자 기억나?"

아, 전에 말씀하셨던 그거로구나.

"지금은 그 여자가 강아지 줄을 놓친 거야. 강아지가 어디까지 갈 지는 몰라. 그래도 걱정 마, 결국 주인한테로 오게 되어 있어. 시간이 좀 걸리더라도 말이야. 물론 너무 흥분해서 길을 잃고 주인을 찾아 오지 못하는 강아지도 있겠지만 똑똑한 강아지는 반드시 주인에게 돌아오게 되어있어. 좋은 펀드를 골랐다면 그건 똑똑한 강아지와 같아서 혹시 길을 잃고 돌아오지 못하면 어쩌지, 라는 걱정은 안 해도 된다는 거야."

시간이 좀 걸리더라도 결국엔 주인에게 돌아온다. 시간이 좀 걸리더라도… 다시 마음의 평화가 약간 찾아왔다.

"주인이 목적지를 바꿨다면 큰 문제지만 지금은 그런 상황은 아닌 거 같으니까. 너무 걱정 말고 투자를 멈추지 말라고."

코스트 에버리지 효과(Cost Average Effect)

우리에게는 아직 한 번에 묵직하게 투자할 만한 목돈이 없습니다. 안타깝군요. 이럴 때는 종잣돈부터 만들어야 합니다. 가장 좋은 방법은 매월 일정 금액을 꾸준히 모으는 거예요. 이 방식으로 은행에 저축하는 것은 적금, 펀드에 투자하는 것은 적립식 펀드라고 합니다.

적금이 있어야 한다는 것은 두말하면 잔소리지만, 그보다도 오늘은 투자 이야기를 나누고 싶군요. 누구나 한두 번쯤 도전해 보았을 적립식 펀드에 대해서 말입니다.

사실 '적립식 펀드'라고 딱 정해진 상품은 없습니다. 그냥 '펀드'가 있을 뿐이지요. 그런데 이런 펀드를 매월 정해진 금액만큼 꾸준히 매입하는 투자 방식을 적립식 펀드라고 부릅니다.

목돈을 만들기 위해 적립식으로 펀드를 매입하는 것. 별다른 방법이 없어서 이 방법을 택했을 수도 있지만 의도했든 의도하지 않았든, 이 투자 방법은 상당한 장점이 있습니다. 바로 '코스트 에버리지 효과', 즉 '평균 매입단가 인하 효과'가 있기 때문입니다.

앞에 나왔던 글러브 이야기 기억나시죠? 글러브 하나가 30만 원이었다가 15만 원이 되었지요. 그럼 이 두 값의 평균은 얼마일까요?

(30만 원 + 15만 원) ÷ 2 = 22만5천 원

그럼 우리 주인공의 평균 매입 가격을 계산해볼까요?

{(30만 원 x 1개) + (15만 원 x 2개)} ÷ 3개
= 60만 원 ÷ 3개
= 20만 원

그것 참 이상하지요. 글러브의 평균가는 22만5천 원인데 주인공이 산 글러브의 평균가는 20만 원밖에 되지 않습니다. 2만5천 원이나 더 저렴하지요. 이렇게 '남는 장사'를 하게 된 비결은 무엇일까요? 같은 돈을 들여도 비쌀 땐 조금밖에 못 사지만 쌀 땐 많이 살 수 있다는 너무도 당연한 원리 때문입니다.

적립식으로 투자를 하면 매월 쓰는 투자금은 일정하지요. 그

러나 매수하는 펀드의 수량(좌수)에는 차이가 생깁니다. 비쌀 땐 매수량이 줄어들고, 쌀 땐 매수량이 많아지니까요.

적립식 펀드에 투자한 후 펀드 가격이 계속 떨어진다고요? 제대로 고른 펀드가 맞다면 그건 축하할 일입니다. 당장의 평가금액은 중요하지 않거든요. 그보다는 펀드 좌수를 얼마나 확보할 수 있는지가 중요하지요.

예를 들어볼까요? 철수는 매월 120만 원씩 투자를 합니다. 이 펀드의 기준가가 첫 달에는 10만 원이었습니다. 그래서 12좌를 사두었습니다. 다음 달이 되자 기준가가 8만 원으로 떨어진 겁니다. 그럼 몇 좌를 사게 될까요? 15좌이지요. 그런데 그 다음달에는 이게 또 6만 원이 되었네요. 참으로 슬프지만 한편으론 20좌를 살 수 있게 되었으니 기쁜 일이기도 합니다.

이렇게 철수는 세 달 동안 12좌, 15좌, 20좌를 매입해서 총 47좌를 보유하게 되었습니다. 현재가가 6만 원인 상태에서 평가금액은 아래와 같습니다.

6만 원 x 47좌 = 282만 원

그런데 총 매입 금액은 아래와 같습니다.

120만 원 x 3회 = 360만 원

360만 원을 투자했는데 282만 원어치를 보유하고 있으니 78만 원 마이너스로군요. 철수는 슬퍼지려 합니다. 그런데 그 다음 달, 펀드 가격이 회복되어 10만 원으로 올라왔습니다. 이제 평가 금액은 어떻게 되었을까요?

10만 원 x 47좌 = 470만 원

네, 순식간에 110만 원 플러스가 되었습니다! 시장이란 이렇습니다. 중간중간 보이는 평가금액에 연연하지 마세요. 중요한 것은 펀드 좌수를 확보하는 일이니까요. 그러니 시장이 계속 하락한다? 이럴 때 우리가 쓸 수 있는 최고의 전략은 매수를 계속 이어나가는 것입니다! 더 싸게 더 많은 좌수를 확보할 절호의 기회거든요.

물론 투자 기간이 제법 되어 웬만큼 목돈이 모였다면 다달이 출렁이는 기준가 때문에 평균 가격이 변동하는 폭은 줄어들 수밖에 없습니다. 그럼 목돈이 모인 후에는 어떻게 투자해야 할까요? 잠시 후에 그 방법을 알려드릴게요.

실패 없는 적립식 펀드 활용법

적립식 투자의 가장 큰 장점은 평균매입단가 인하 효과^{Cost} ^{Average Effect}입니다. 한 번에 투자할 자금이 없어서 매달 작은 금액을 적립한 것뿐인데 생각지도 못한 효과를 보게 된 것이지요.

● 장기 적립식 투자의 아쉬운 점

그러나 이런 평균매입단가 인하 효과의 실효성은 적립을 계속할수록 기하급수적으로 떨어집니다. 아래 예를 볼까요?

매월 10만 원씩 적립을 시작했습니다. 첫 달 기준가는 10만 원이었지요. 그래서 10만 원으로 1좌를 매수했습니다. 당연히 누적 매수좌수는 1좌, 누적 매수금액은 10만 원, 평균매입단가 또한 10만 원이 됩니다.

그런데 다음 달에는 기준가가 5만 원이 되었습니다. 몇 좌를 더 매수할 수 있을까요? 2좌를 더 매수해서 총 누적 좌수는 3좌, 총 매수금액은 20만 원, 평균매입단가는 6만6,666원이 됩니다.

구분	기준가	매수금액	매수좌수	총 누적매수좌수	총 누적매수금액	평균매입단가
1차 월	10만 원	10만 원	1좌	1좌	10만 원	10만 원
2차 월	5만 원	10만 원	2좌	3좌	20만 원	6만6,666원

평균매입단가는 10만 원에서 6만6,666원으로 3만3,334원 (33.3%)이나 하락하게 되죠. 평균매입단가 인하 효과가 실로 엄청났다고 볼 수 있습니다.

그런데 계속 적립이 이어져 3년(36개월)을 적립한 상황이라면 얘기가 달라 집니다. 쉬운 계산을 위해 이때 기준가가 10만 원, 우연히 누적매수좌수도 36좌가 되어 평균매입단가가 10만 원 이라고 가정해 봅시다. 당연히 총 누적매입금액도 360만 원이겠죠? 그런데 다음 달, 즉 37개월 째 기준가가 5만 원으로 하락했다면 어떤 일이 벌어질까요? 물론 평균매입단가가 떨어지긴 하겠지만 초기만큼이나 극적으로 떨어질까요?

구분	기준가	매수금액	매수좌수	총 누적매수좌수	총 누적매수금액	평균매입단가
36차 월	10만 원	10만 원	1좌	36좌	360만 원	10만 원
37차 월	5만 원	10만 원	2좌	38좌	370만 원	9만7,368원

평균 매입 단가는 2,362원(2.36%)이 하락하는 데 그쳤습니다. 효과가 거의 없다고 봐도 되겠지요. 이처럼 적립식 펀드에 장기간 적립하면 적립식 투자의 최대 장점인 평균매입단가 인하 효과가 사라지는 문제가 발생합니다. 따라서 평균매입단가 인하 효과를 누리기 위해선 3년 이내의 투자 기간 동안 내에서 적립식 펀드를 활용하는 것이 좋습니다.

● 갑작스런 하락에 대처하는 우리의 자세

시장은 오랜 기간에 걸쳐 꾸준히 조금씩 상승하는 반면, 하락은 단기간에 급작스럽게 일어납니다. 적립식 투자를 시작하고 2~3년이 지나 평가 손익이 +15% 정도 난 상태에서 갑작스런 하락을 맞으면 평가 손익은 순식간에 마이너스가 되지요. 이런 경

〈2008년 서브프라임 사태 때의 KOSPI 그래프, 상승은 5년이었으나 하락은 단 1년 만에 발생〉

우 많은 사람들이 평정심을 잃고 납입을 멈춥니다. 심지어 마이너스 상태에서 펀드를 환매해 버림으로써 손실을 확정 짓는 경우가 많이 발생 합니다. 2~3년 간 공들인 투자가 실패로 돌아가 버리는 순간입니다.

만약 펀드 투자 시 이런 상황에 부딪히면 할 수 있는 최선의 방법은 납입을 계속하는 것입니다. 위 그래프에서 확인할 수 있듯 급락 이후 2년이 채 안 되는 기간에 하락을 모두 만회했기 때문입니다. 만약 계속 납입했다면 그래도 만족할 만할 수익을 얻을 수 있겠지요. 급락을 하는 기간이 평균매입단가를 낮추는 기간이 되기 때문입니다. 그러나 이런 경우엔 또 다른 문제가 발생합니다. 비용이 급증하기 때문이지요. 지금부터는 적립식 펀드의 비용에 대해 알아봅시다.

적립식 펀드의 비용은?
펀드의 비용은 과연 얼마나 될까요? 왜 적립식 펀드를 장기간 운용하면 비용이 기하급수적으로 늘어난다고 얘기 할까요? 펀드의 비용 구조를 간단하게 알아봅시다.

보수 정보

선취수수료	납입 금액의 1.00%
보수	1.700%
판매회사	0.580%
집합투자업자	1.030%
신탁업자	0.070%
일반사무관리회사	0.020%
집합투자평가사	0.000%

펀드 설명 자료를 보면 위와 같은 보수에 대한 정보가 있습니다. 선취 수수료는 매월 납입 금액에서 차감하는 수수료입니다. 예에서는 1%로 되어 있군요. 매월 100만 원을 투자한다면 1만 원을 수수료로 차감하는 것입니다.

그 다음은 보수입니다. 총 보수가 1.7%라고 되어 있고, 그 아래에는 1.7%의 보수를 누가 얼마나 가지고 가는지 알려주는 항목들 입니다. 별로 중요한 정보는 아니니 총 보수가 얼마인지 눈여겨보세요. 이 보수는 매월 납입금에서 차감하는 것이 아니라, 납입 후 누적된 금액, 즉 평가금액에서 차감합니다.

우선 첫 달을 예로 들어봅시다. 100만 원을 납입했다면 누적액은 100만 원 이겠지요. 수익률 변동이 없다면(0%) 매일 고시된 요율만큼 보수를 차감하게 됩니다. 그래서 첫 달 보수는 대략 1,400원에 불과하게 됩니다. [100만 원 × (1/365 × 1.7%) ×30 ≒

1,400원] 그런데 다음 달은 어떻게 될까요? 여전히 수익률 변동이 없다고 가정한다면(0%) 두 번째 달 누적 금액, 즉 평가금액은 200만 원이 되고 이제 두 번째 달엔 매일 200만 원 에서 보수를 차감합니다. [200만 원 × (1/365 × 1.7%) × 30 ≒ 2,800원]

  이 펀드에 5년째 납입했다고 가정합니다. 그리고 간편한 계산을 위해 수익률은 0%라고 가정해 보지요. 앞으로 1년간 더 납입한다면 5년차에서 6년차로 넘어가는 시점에 발생할 보수는 얼마나 될까요?

- 6년 초의 평가금액이 6,100만 원(100만 원 ×61 개 월), 수익률 0% 가정
- 6년 말, 즉 7년 초의 평가금액이 7,200만 원(100만 원 × 72개 월), 수익률 0% 가정
- 이 시기의 평균잔액은 6,650만 원이 됨.
- 따라서 1년간 차감하게 되는 보수는 6,650만 원 × 1.7%, 즉 113만 5백 원

  1년간 차감하게 되는 보수는 6,650만 원 × 1.7%, 즉 113만 5백 원이나 됩니다. 납입금이 월 100만 원이니 연간 보수가 한 달치 납입액보다 커지는 셈입니다. 기간을 늘려 10년째 투자한다면 연간 보수는 얼마나 될까요? 215만5백 원, 즉 2 개월치 납입액보다 더 커집니다.

〈기간 별 적립식 펀드 보수, 월 납입 금액 100만 원, 수익률 0%, 보수 연 1.7% 가정 시〉

구분	1개월~12개월 차	61개월~72개월 차	121개월~132개월 차
보수	110,500원	1,130,500원	2,150,500원
선취 수수료 (10,000원 x 12개월)	120,000원	120,000원	120,000원
총 비용	132,500원	1,250,500원	2,270,500원

이처럼 펀드는 초기 비용이 아주 저렴한 데 반해, 장기로 갈수록 비용이 기하 급수적으로 늘어나는 상품입니다. 따라서 3년 정도만 활용하는 것이 좋은 중기 투자용 상품이지 장기 투자에 적합한 상품은 아니라는 것을 기억하세요.

적립식 펀드는 어떻게 활용해야 하나요?

적립식 투자의 가장 큰 장점인 코스트 에버리지 효과를 활용하며 동시에 비용 부담 없이 투자할 수 있는 방법은 없을까요? 적립식 투자를 시작하기 전, 미리 목표 수익률을 정하고, 그 목표 수익률을 달성하면 곧 바로 환매한 후 다시 적립식 투자를 시작하면 됩니다. 목표 수익률은 투자 성향에 따라 다르겠지만 연 5~8% 범위 내에서 정하면 좋습니다. 연 5% 수익이 너무 낮다고요? 1년 만기 적금의 이자율이 5%라 한다면 요즘 같은 저금리 시대에선 정말 높은 이자율 이겠지요? 그러나 펀드의 연간 수익률이 5%라면 그건 좀 낮은 거 같다고요? 좋습니다. 그런데 적립식 펀드의 연간 수익률 5%는 적금이자율 5%와는 비교가 되지 않는다는 사실, 알고 계신가요?

은행 적금 이자율 VS 적립식 펀드 수익률

은행 적금도, 적립식 펀드도 매월 같은 금액을 납입합니다. 그런데 수익률 계산에는 큰 차이가 있습니다. 은행 적금 이자를 계산하는 방법은 앞서 설명한 적 있지요. 첫 달 납입금에 대해서는 1년치 이자를 온전히 받는 데 비해, 마지막 달 납입금에 대해서는 1/12년 치 이자밖에 받지 못한다고요. 그래서 만약 은행 적금 금리가 5%이고, 매월 100만 원씩 납입 한다면 이자 소득은 32만 5천 원입니다. 세금은 고려 하지 않았습니다.

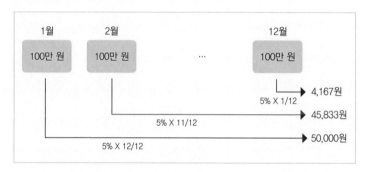

이에 비해 적립식 펀드 1년 수익률이 5%라면 수익금액은 60만 원에 달합니다. 적립식 펀드의 수익률 계산식은 [수익금액/납입금액] 이기 때문입니다.

만약 적금 이자로 60만 원을 받으려면 이자율이 약 9.25% 정도 되어야 합니다. 적금 금리가 9.25%라면 상당히 매력적인 상품이지요! 따라서 적립식 펀드의 목표 수익률이 연 5%라면 절대 낮은 수익률이 아닙니다.

실패 없는 적립식 펀드 활용 전략!

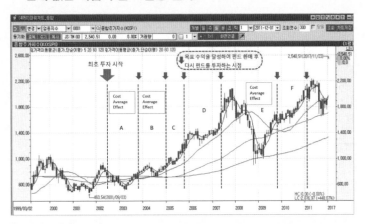

이 차트가 보여주듯 주식은 등락을 거듭하며 상승합니다. 이 특성을 똑똑하게 활용하면 절대 낭패 보지 않는 펀드 투자를 할 수 있습니다.

2002년 봄에 최초로 적립식 펀드 투자를 시작했다면 어떻게 되었을까요? 우선 첫 번째 A국면에선 투자 후 하락이 시작되었고 다시 반등해서 올라갔습니다. 이 구간에서는 평균매입단가 인하 효과를 충분히 누리며 상당한 수익을 올릴 수 있게 됩니다. 목표 수익률을 달성해서 환매를 하고 두 번째 펀드 투자를 시작할 수 있지요. 그 다음 이어지는 B국면에서도 동일한 효과를 누릴 수 있습니다. 그러나 C와 D국면에선 평균매입단가 인하 효과를 기대할 수 없습니다. 계속 상승 중이니까요. 하지만 상승장에선 평균매입단가 인하효과가 없이도 편안하게 목표 수익을 달성하고 환매할 수 있지요. 주목할 구간은 바로 E국면 입니다. 아깝게 목표 수익률을 달성하지 못해 환매를 하지 못했는데, 시장이 급락하기 시작한 것이죠. 그래도 걱정할 것 없습니다. 적립을 시작한 지 얼마 되지 않았기 때문에 엄청난 평균매입단가 인하 효과를 누릴 수 있으니까요. 그리고 채 3년도 되기 전에 충분한 수익을 얻고 환매할 수 있습니다. 목표 수익률은 동일하지만 납입된 금액이 많아 수익금 자체는 엄청나게 커 지는 것이지요.

이 그래프는 이해를 돕기 위한 간단한 예시입니다. 목표 수익률을 5~8% 정도로 잡는다면 환매 기회는 예시보다 훨씬 더 많아질 것입니다. 적립식 펀드 가입 후 상당 기간이 지나 시장이 폭락하는 상황이 발생하였을 경우 이를 만회하기 위해 투자 기간이 상당히 길어지게 되고, 그로 인해 발생하게 되는 비용이 많아지게 되는 부담을 효과적으로 피할 수 있다는 것이지요. 이런 식으로 적립식 펀드를 활용하면 실패 없이 투자할 수 있습니다. 물론 펀드를 잘 선정했다고 가정한다면 말입니다.

환매한 자금은 어떻게 투자해야 할까요? 수익이 생겼다고 기분 좋아서 다 써버리면 절대로 안 됩니다. 이렇게 확보된 자금은 장기 투자에 적합한 비용 구조를 가진 상품에 재투자해야 합니다. 그래야 성공적인 투자를 이어갈 수 있고 하루라도 빨리 쳇바퀴에서 내려올 수 있으니까요. 그 방법은 마지막에 알려드릴게요

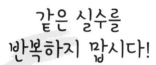

같은 실수를
반복하지 맙시다!

"인간의 욕심은 끝이 없고 같은 실수를 반복하지."

또 이 말씀이다. 옛날 사람임이 분명하다.

"전에 말씀하셨던 거잖아요."

"그래, 그랬지. 근데 그게 너한테만 해당되는 건 아냐. 사람은 다 똑같거든. 우린 자본주의 사회에 살고 있으니까. 근데 너, 자본주의가 완벽한 경제체제 같아?"

"예? 자본주의요?"

뭐지, 이분? 혹시… 공산주의자인가?

"자본주의에선 일단 돈이 최고야. 돈 좀 된다 싶으면 우르르 몰려가지. 인형 뽑기방이 요즘 대세라며? 근데 그게 계속 갈 것 같아? 옛날엔 PC방이 얼마나 많았는데. 이제는 많이 없어졌지만. 다 그런 거야. 너도나도 돈 벌려고 뛰어들고, 그러다 보면 너무 많아지고. 어쩔 수 없이 가격 경쟁이 붙어서 예전만큼 돈이 안 되고. 그러면 못 버티는 사람부터 접게 되어있지. 돈이 된다, 몰린다, 경쟁이 심해진다, 가격이 내려간다, 수입이 줄어든다, 경쟁자가 사라진다. 그러니 다시 돈이 된다. 또 몰린다… 뭐, 이렇게 말이야. 그래서 경기 순환이란 게 발생하잖아."

대학 때 한 학기 동안 배운 내용이 이렇게 간단한 것이었다니.

"그런데 이게 정상 범주 안에서 이뤄지면 괜찮은데 가끔씩 이해할 수 없을 정도로 과열될 때가 있거든. 자본주의 체제가 가끔씩 고장이 난단 말이야. 그러면 거품이라는 게 끼게 돼. 자본주의는 항상 이런 거품을 펑! 터트리면서 상황을 해결해 나가지. 서브프라임 사태 기억나나? 쉽게 말하면 거품이 엄청 끼었는데 그 거품이 갑자기 터지면서 시장이 반 토막 나버리는 거야. 세세한 이유까지 다 알 필요는 없고, 자본주의는 이런 속성을 갖고 있구나, 정도만 알아둬."

아, 그렇구나. 그런데 자본주의 속성 운운하시는데 그걸 내가 왜 알고 있어야 한단 말씀인지.

"똑같은 상황이라도 어떤 사람한텐 도무지 감당 못할 시간이지만 또 다른 사람한텐 다시 없는 기회가 되거든."

"그건 또 무슨 말씀인가요?"

"잘 이해가 안 될 수도 있는데, 말하자면 너한테 돈이 아주 많아."

"그랬으면 좋겠네요."

"그런데 투자한 펀드가 반 토막 났어. 펀드가 잘못된 게 아니라 시장 거품이 터져 버린 거야. 그럼 어떻게 하면 되겠어?"

"슬퍼서 술을 마실 것 같아요."

"사실, 기회는 이때거든. 이때 네가 가진 여유자금을 투입하는 거야. 글러브 얘기 했었잖아. 30만 원짜리를 15만 원에 파는 그 상황. 네 수중에 30만 원이 아니라 300만 원이 있다고 해봐. 그럼 두 개만 살 게 아니라 스무 개를 살 수 있겠지? 그랬다가 다시 글러브가 30만 원이 되면 얼마나 큰 수익이 나겠어?"

'바보 도 터지는 소리'라는 것이 있다. 그 소리가 나도 모르게 나왔다.

"아~~~ 그렇네요, 그렇게 하면 되겠네요!"

"그래, 이제 이해한 것 같네. 그런데 문제는 대부분의 사람들은 그럴 여유가 없다는 거야. 투자를 하고 있던 사람들한테는 그 상황이 하늘이 무너지는 것처럼 힘든 시간이거든. 물론 끝까지 투자를 멈추지 않고 계속 납입해나가면 결국에는 수익이 나겠지. 그러나 그건 나중 문제고, 코 앞의 상황 자체가 못 견디게 힘들 거야. 그런데 준비가 된 사람이라면? 둘도 없는 기회 아니겠어?"

더 말해 무엇하리. 내 펀드가 반 토막 나 있는 상황인데 거기에 쏟아 부을 돈을 추가로 만들어둔 사람은 없을 듯했다.

"그러니까 처음부터 생각을 하고 투자해야 돼. 이런 상황을 대비해서 말이야. 주식형 펀드에 100% 다 투자할 게 아니라, 주식형 펀드에 70%, 채권형 펀드에 30%를 투자하는 거야. 그렇게 해 두면 이런 상황이 발생할 때 주식형 펀드에 들어간 자금은 박살이 나 있겠지만 채권형 펀드에 들어간 자금은 그래도 온전히 남아 있게 돼. 이 자금을 이용하는 거지. 이 채권형 펀드를 환매해서 반 토막 난 주식형 펀드에 투자하는 거야. '좌수'라고 알려 줬잖아? 그 좌수를 왕창 늘릴 수 있도록."

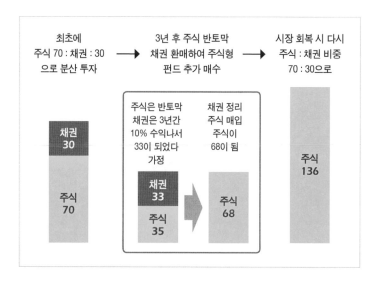

적립식 투자 효과를 제대로 보려면 평가금액보다는 좌수 확보가 중요하다던 얘기가 생각났다. 그 좌수를 단시간에 늘릴 수 있는 방법이 바로 분산 투자를 하다가 거품이 터졌을 때 펀드를 변경하는 것이었다.

"그렇다고 너무 욕심부리진 마. 시장이 다시 회복해서 거품 터지기 직전의 90%쯤 올라오면 미련 없이 다시 30%는 채권형 펀드로 바꿔. 말 했잖아, 인간의 욕심은 끝이 없고 같은 실수를 반복한다고… 거품이 터지는 상황은 언젠가 또 올 테니까 얼른 대비 체제로 전환해야 해. 워런 버핏의 투자 원칙 기억하지? 이런 식으로 투자하다 보면 그 원칙도 지킬 수 있을 거다."

코끼리 냉장고에 넣기처럼 어이없던 그 투자 원칙 말씀이구나. 절대 돈을 잃지 않는다. 이 원칙을 반드시 지킨다. 괄호 치고 '자본주의의 속성을 이용해서'라고 쓰고 싶었다. 그런데 거품이 안 터지면 어떻게 되는 거지?

"그런 상황이 안 온대도, 걱정은 말고. 그럴 땐 주식형 펀드도 수익이 많이 나있을 거고 채권형 펀드 수익도 충분히 났을 테니까. 이래도 저래도 행복한 상황이 되겠지."

질문도 안 했는데 내 마음을 읽은 것 같은 저 관심법도 좀 배웠으면 좋겠다.

체계적 위험과 비체계적 위험

어려워 보이는 용어가 나왔지요? 걱정하지 마세요. 알고 보면 아주 쉬운 말입니다.

투자에는 항상 위험이 뒤따르지요. No risk No gain! 이런 표현이 있을 정도니 수익은 위험을 무릅쓴 대가라고 생각하시면 됩니다.

투자와 위험은 친구와도 같아요. 그런데 이 친구 관계가 두 종류로 구분된다는 사실은 짚고 가야겠군요. 도움을 주는 친구가 있는가 하면 힘들게만 하는 친구가 있다는 것이죠. (그러니 친구도 가려서…? 흠…)

A라는 개별 종목에 투자했다고 가정해봅시다. 잘 나갈 줄 알고 뛰어들었더니, 어라! 회사가 부도 난 겁니다. 그것도 시장과 아무 상관없이 회사 내부 사정 때문에 말입니다. 이처럼 경제 상

황과는 무관하게 발생하는 위기를 바로 비체계적 위험이라고 부릅니다.

비체계적 위험은 상당 부분 낮출 수 있습니다. 분산해서 투자하면 거의 없어지지요. 가령, 같은 자금을 한 종목에 쏟는 것이 아니라 백 개 종목에 나누어 투자한다면 그 중 하나쯤 갑자기 문제가 되더라도 흔들리지 않습니다.

그런데 개인이 이런 방식으로 투자하기가 사실상 힘들다는 게 문제지요. 자금도 넉넉지 않고, 더구나 본업이 따로 있는데 어떻게 백 개 종목에 신경 쓸 수 있을까요? 현실적으로 어렵습니다.

그럴 때 선택하는 상품이 바로 펀드입니다. 펀드는 기본적으로 백 종목 이상의 개별 주식을 편입해서 운용하고 있으니까요. 무엇보다 매력적인 것은 이 종목들을 관리하는 일이 본업인 펀드매니저가 하루 종일 종목 하나하나에 신경 써준다는 점입니다.

그런데 이렇게 해도 피할 수 없는 위험이 있습니다. 시장 전체가 어떤 이유로 하락하게 되면, 제아무리 유능한 펀드매니저도 방법이 없지요. 이처럼 시장 전체 상황에 의해 발생하는 위기를 바로 체계적 위험이라고 부릅니다.

체계적 위험은 무조건 나쁜 것이 아니에요. 시장은 결국 회복하게 되어있거든요. 그래서 이런 위기는 파도를 타듯 잘만 활용하면 엄청난 기회로 만들 수 있습니다. 준비만 되어있다면 말이지요.

그럼 어떤 준비를 해야 하느냐, 그것이 문제입니다. 이미 감 잡았다고요? 그럼 뒤쪽에서 확인해 보세요. 지금은 이것만 기억하면 됩니다.

"비체계적 위험은 낮추고 체계적 위험은 기회로 만든다."

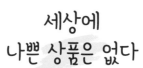

세상에
나쁜 상품은 없다

시장은 우려했던 것보다 빠르게 회복했다. 그리고 선배님 말씀처럼 묵묵히 계속 납입해봤더니 시장은 예전 수준으로 겨우 돌아올 뿐인데 내 펀드는 높은 수익을 내고 있었다. 감사한 마음에 선배님을 찾았다. 멋진 점심이라도 대접해 드려야지!

"선배님, 정말 감사합니다!"

"뭐가?"

"선배님 말씀대로 했더니 펀드가 플러스 났어요."

선배님은 가뭄에 콩이라도 나야 볼 줄 알았던 흐뭇한 미소를 지으셨다.

"네가 잘한 거야. 잘했어."

처음 듣는 칭찬이었다. 점심을 대접해야겠다는 생각이 더욱 강하게 들었다.

"그게 다야. 그렇게만 하면 돼, 투자는."

"예?"

정말 이게 다인 건가. 뭔가 현란하고 화려하고 복잡한 테크닉, 그런 걸 아직 숨기고 계신 거 아닐까?

"그게 다라고. 뭔가 현란하고 화려하고 복잡한 테크닉이 있지 않을까, 생각할지도 모르겠지만."

또 관심법이다.

"뭐 그런 것도 있긴 하겠지. 그런데 말이야. 그건 투자가 업인 사람들, 전문가들이나 그렇게 하는 거야. 너는 본업이 투자가 아니잖아? 지금 하는 일에 충실해. 계속 투자할 수 있는 힘이 거기서 나오는 거니까. 네가 세운 투자 원칙, 그걸 반드시 지키겠다고 마음먹고 너만의 투자 시스템을 유지해 나가는 거야. 그러다 보면 반드시 기회가 또 찾아온다. 그땐 제법 큰 수익을 낼 수 있을 거야."

내 본업이 투자 시스템을 유지하는 원천이다? 옳구나. 월급 나올 곳이 없었으면 조바심이 나서 벌써 판을 이리 엎었다 저리 엎었다 했을 거다. 월급 덕에 원칙을 지킬 여유가 생긴 것은 사실이다. 야근의 원흉이던 분기 마감 건이 갑자기 '삐약'거리는 귀여운 메추리처럼 여겨졌다.

"예, 선배님. 알겠습니다. 그런데 선배님, 오늘은 제가 식사 대접을 하고 싶은데요."

"거 참, 됐어. 배고파서 그래? 내가 살게, 가자."

"아니에요, 선배님. 정말 오늘은 제가 꼭 대접해드리고 싶어요. 예산도 충분히 있어요!"

가뭄에 콩을 본 듯 흐뭇하던 표정에서 단비가 쏟아진 듯한 함박웃음으로 바뀌었다.

"그래, 정 그러면 네가 사. 근데 난 라면에 김밥이 그렇게 먹고 싶더라고. 마누라가 절대 못 먹게 해. 저기 김밥혜븐 보이네."

김밥혜븐이라니. 일하지 않고도 살아갈 만한 황금 메추리를 키우시는 분이 너무 검소한 거 아닌가?

"투자도 좋지만 절약이 우선이야. 너랑 나랑 뭐 근사한데 가서 칼질할 그런 사이는 아니잖아? 엉뚱한 데 돈 쓰지 말자고."

"주문하신 김밥이랑 라면 나왔습니다."

결국 김밥혜븐에 왔다. 라면 냄새를 맡으며 세상 행복해하시는 표정을 보니 집에선 진짜 못 드시는 음식 같았다.

"이 김밥혜븐 말이야, 이름 한번 묘하지. 과연 여기가 김밥한테 천국이겠냐고. 태어나자마자 도마 위에서 동강동강 열 토막도 넘게 몸이 잘리는데. 김밥지옥이어야 되는 거 아냐?"

라면과 김밥을 눈앞에 두고 하시는 말씀이라니, 난 여전히 이해가 되지 않았다. 아재 개그를 가르치는 학원이라도 다니시나 보다.

"듣고 보니 그렇네요. 김밥한텐 지옥이겠는데요."

"이렇게 모든 게 다 상대적이야. 너도 이제 많은 상품을 접하게 될 거고 그 중에 또 여러 상품을 활용하게 될 텐데, 저기 메뉴판 좀 봐. 음식 한번 다양하지."

정말이지 벽에는 서른 가지가 족히 넘을 듯한 메뉴가 적혀있었다.

"저 중에 필요 없는 게 있겠어? 전날 술 한잔 걸친 사람은 와서 라면이나 황태국을 찾겠지. 그런데 그런 사람한테 야채볶음밥을 주면 어떻게 되겠어? 그렇다고 야채볶음밥이 몹쓸 메뉴냐, 그건 아니라고. 애기 엄마들한텐 베스트 메뉴 중 하나일 걸?"

이 얘기는 왜 또… 늦둥이가 있으신가 생각할 때쯤 이런 말씀을 하셨다.

"금융 상품은 저기 비할 바가 아니야. 세상 상품 다 모아놓으면 저 메뉴들보다 백 배는 많을 테니까. 그런데 그 중에 나쁜 상품은 없다는 거지. 지금 나한테 맞는 상품과 맞지 않는 상품, 내 투자 목적에 부합하는 상품과 그렇지 않는 상품만 있을 뿐."

세상에 나쁜 상품은 없다?

"나쁜 상품은 없어. 다만 제대로 이해를 못해서 잘못 활용하다 보니까 나쁜 상품으로 변하는 거지. 텃밭을 하나 한다고 생각해봐. 잡초를 제거하고 싶어. 그럼 뭘 써야 되나? 호미나, 뭐 별 수 없으면 모종삽 정도 쓸 수 있겠지. 그런데 잡초를 제거한답시고 조막만 한 밭뙈기에 포크레인을 끌고 와 다 파헤쳐놓으면 어떻게 되겠어? 난장판이지, 뭐. 반대로, 공사를 해야 되는데, 지하 10미터는 파야 된다고. 그런데 그럴 때 호미 들고 땅 파고 앉아있으면 어떻게 되겠어? 한참 모자란 사람 소리 듣지 않겠어? 호미든 포크레인이든 각자의 쓰임이 있거든. 그 쓰임 대로 쓰지 않으면 영 효과 보기 힘들지. 그렇다고 호미랑 포크레인 탓은 아니잖아. 그걸 모르고 엉뚱하게 쓴 사람이 잘못한 거지. 금융 상품도 마찬가지야."

누군가는 세상에 나쁜 개가 없다고 했다. 사연마다 들여다보면 반려견을 제대로 이해 못한 주인 잘못이 크다고. 반려견이 아니라 사람이 행동을 교정하면, 둘도 없던 악마견이 하루 아침에 천사견이 되지 않던가? 그런 원리 같았다.

"그러면 선배님, 어떻게 해야 제 상황에 맞는 상품을 고를 수 있는 건가요?"

"그래서 내가 공부하라고 했잖아. 복잡한 내용은 전문가에게 맡기겠지만 이 사람을 신뢰해도 될지 판단할 수 있을 정도는 공부해두라고. 그러고 나면 합리적인 조언이 뭔지 귀에 들어올 거야. 텃밭에 잡초 좀 뽑으려는데 어떤 상품이 좋을까요? 했더니 포크레인을 추천한다? 어불성설이지. 그런데 이런 말도 안 되는 조언을 하는 사람들이 많아. 왜냐. 그 사람은 포크레인을 팔아야 먹고 살거든. 그래서 말이 안 되는 걸 알면서도 포크레인의 잡초

제거 기능을 부각해서 그럴듯한 논리를 만들어 내는 거지."

아무리 초짜라도 그런 데 속을까 싶었다.

"텃밭을 가꿔서 상추를 팔아 돈이 모이면 결국에는 건물을 짓지 않겠습니까? 그러니 이번 참에 그냥 포크레인을 장만해두세요. 결국, 필요하실 거예요, 하고 말이지. 이제 너도 조금은 공부를 했고 경험도 해봤으니깐 이런 말엔 넘어가지 않을 거야."

정말 그 정도로 어이없는 말을 한다면 이제는 구분해낼 수 있을 것 같았다.

"그리고 말이지, 절대 인터넷에서 정답을 찾으려고 하지마. 빅데이터를 만들 만큼 정보가 많다지만 너한테 맞는 정보는 좀처럼 거기서 찾기 힘들 거다. 좀 전에 김밥헤븐 얘기했었지? 김밥한테는 여기가 지옥이라고. 모든 것은 상대적이라고. 인터넷도 그래. 사람들은 수익엔 그다지 기뻐하지 않지만 손실엔 엄청나게 격렬하게 반응하거든."

오호. 그러고 보니 나도 펀드가 반 토막이 났을 때는 세상이 망하는 느낌이었다. 하지만 손실이 회복되고 플러스로 돌아섰을 때는 안도감과 함께 약간 기쁜 마음이 드는 정도였다.

"누가 어떤 상품에 대해 인터넷에 물어보잖아? 그럼 수익 본 사람은 거의 관심이 없어. 수익 본 거 자랑한다고 이득 될 게 없으니까. 반대로 손실 본 사람은 득달같이 댓글을 달지. 그 상품 쓰레기라고. 분풀이라도 하고 싶을 테니까. 그러면 같은 경험을 한 사람들이 똑같은 댓글을 줄줄이 달게 마련이야. 내가 바보는 아니었구나, 다들 나처럼 얘기하는 걸 보니 이 상품이 쓰레기였던 거야, 스스로를 위로하게 되거든. 실상은 잡초를 뽑아야 할 텃밭에 포크레인을 끌고 온 것과 같지만 말이야."

생각해보면 인터넷에서 금융 관련된 댓글 중에 좋다는 말은 본 기억이 없는 것 같다.

"라면 먹어라, 다 불었네. 나이가 들어서 그런가 요즘 말이 많아져서 큰일이야. 내가 계산할게."

레몬 마켓을 아시나요?

시장에 갔습니다. 과일을 사고 싶었지요. 그런데 시장에는 너무 시어서 먹을 수 없는 레몬만 잔뜩 남아 있었습니다. 왜 이런 일이 일어날까요?

미국에서는 속칭 '레몬'이 속아서 산 불량 중고차를 의미합니다. 중고차 시장에서 그 차에 어떤 결함이 있는지는 판매자만 알고 있게 마련이지요. 구매자는 알 수 없는 정보니까요. 이런 상황을 조금 전문적인 말로 '정보의 비대칭성'이라고 합니다.

정보가 비대칭적일 때는 어떤 일이 벌어질까요? 고물 중고차를 내놓는 판매자는 웬만하면 단점을 가리고픈 유혹에 빠지겠지요. 반면, 한두 번 속아본 구매자라면 더는 속지 않으리라 눈을 부릅뜰 것입니다. 그러고는 시장에 나온 차들을 일단 의심부터 하고 봅니다. 어딘가 하자가 있지 않은가, 얼마 이상은 못 쳐준다, 하고요. 그래서 헐값으로 구매를 시도할 것입니다.

이런 고객을 자꾸 만나다 보면 판매자는 어떨까요? 자기 차는 하자가 없는 좋은 상품인데 구매자가 믿어주질 않아요. 억울하게도 계속 싼 값만 부르고 말입니다. 그러니 좋은 중고차를 가진 판매자는 거래를 포기하고 도로 차를 집으로 끌고 갑니다.

그 결과, 시장에는 문제가 있는 중고차만 가득하게 됩니다. 정보가 균등하게 공유되지 않아서 생긴 일이지요. 이런 상황은 인터넷에서도 흔하게 벌어집니다. 중고물품을 사고 파는 나라 같은….

금융상품에 대해 얘기해볼까요? 상품 판매자가 고객에게 정보를 반쯤만 공개한 채 목적에 맞지 않는 상품을 팔았다고 합시다. 상품 가입자는 손해를 봤지요. 실은 가입 전에 꼼꼼히 공부하지 않은 고객에게도 책임이 있지만 대부분은 그리 진지하게 반성하지 못합니다. 가슴 깊이 와 닿는 회한은 '이 상품에 가입했다가 완전 쪽박 찼다'는 단 한 가지. 그래서 해당 상품에 대해 나쁜 인상이 콕 박히게 되지요.

그때 마침 누군가가 그 상품을 가입하려는데 어떻게 생각하냐는 글을 인터넷에 올립니다. 그리고 다른 누군가가 그 상품 안 좋아요, 망했어요, 댓글을 달지요. 역시! 나만 당한 게 아니었다는 마음의 위로가 찾아오면서 자기도 한 마디 덧붙입니다.

"완전 거지 같은 상품. 속지 마세요."

하지만 은근히 숨은 고수도 있는지라 지나가던 사람 중 한 명이 조언을 합니다.

"이 상품은 이러이러한 상황에서 저러저러하게 활용하면 좋아요"

그랬더니 그 댓글에 다시 대댓글이 달리고, 꼬리에 꼬리를 물고 공격이 이어집니다. 어쨌거나 요긴한 정보를 공유하려던 달인은 여기에 이렇게 설명해봤자 소용 없구나, 라는 깨달음을 간직한 채 인터넷 세상을 떠나게 됩니다.

그 결과, 예민하고 섬세하게 올바른 정보를 알려줄 사람은 더 이상 인터넷상에서 만나보기 힘들어집니다. 마치 좋은 중고차 판매자가 시장을 떠난 것처럼 말이에요.

그러니 우리의 할 일은? 공부! 미안하게도 공부뿐입니다.

10만 원? 1,000만 원?
그건 중요한 게 아니에요

　간만에 골로를 만났다. 베트남 여행을 다녀온 지 두 달쯤 후였다. 매미가 마지막 노래를 목청껏 뽑고 있는 한여름, 8월 말이었다. 이렇게 가뜩이나 더운 날, 골로가 날 더 열 받게 만들었다.

　"야! 어? 네 말 듣고, 어? 그 펀드 투자 했는데? 10만 원 밖에 못 벌었어, 어! 나 참! 10만 원이 뭐냐, 10만 원이! 어?"

　"야. 너 200만 원밖에 투자 안 했잖아. 두 달 만에 5% 수익 냈으면 대박이지, 뭘 그러냐?"

　"대박은 무슨! 어? 야, 꼴랑 10만 원 벌었네. 어? 그 돈 가지고 지난달에 여행 한 번 더 갔다 올 걸 그랬어. 특가 상품 나왔었는데, 참 나 원. 어? 어? 아, 아까워 죽겠네!"

　답이 안 나오는 놈이었다. 200만 원 투자해서 두 달 만에 10만 원 벌었으면 감사할 줄 알아야 한다. 두 달에 5% 수익이면 연으로 환산해서 무려 30%에 달하는 수익률이란 말이다.

"야, 뭔 계산을 그런 식으로 하냐. 지금 액수가 중요한 게 아니냐, 수익률이 중요하지!"

"얼씨구. 수익률 같은 소리 하네. 야, 10만 원을 어디에 쓰냐고. 어? 술 한잔 마시면 없어지는데 그거 벌었다고 뭘 좋아해!"

어흑. 선배님 말씀이 생각나지 않았으면 손 올라갈 뻔 했다.

"흔히들 하는 실수가 수익 금액에 현혹되는 거야. 물론 절대적인 금액도 중요하긴 하다만 이런 경우를 한번 생각해봐. 수익률이 10%로 동일한 거야. 그럼 100만 원 투자한 사람은 수익이 10만 원 생기고, 1억 원 투자한 사람은 1,000만 원이 생기지.

"100만 원 투자한 사람은 이렇게 생각할 수 있어. 10만 원 벌었네. 나쁘진 않네. 술 한잔하면 되겠다고. 그리고 그 돈을 홀랑 써버리지."

"그런데 1억 원 투자한 사람도 그렇게 생각할까? 1,000만 원 수익이라니, 술 한잔 먹을 돈 번 게 아니라 '자산이 증식했다'고 생각하지 않겠어? 그러니까 그 수익금은 자산으로 바뀌지. 10만 원과 1,000만 원이 엄청난 차이가 나는 건 맞아. 그런데 둘의 수익률은 10%로 똑같다는 거야. 지금 100만 원밖에 투자 못했다면 그 수익을 허투루 쓰지 말고 모아야 해. 그렇게 모인 돈이 1,000

만 원이 되고 1억 이 돼서 자산을 형성하게 될 테니까."

"야! 어? 어? 뭔 생각하냐? 어?"

골로의 찡찡거리는 소리에 현실로 돌아왔다. 한숨이 절로
났다.

"이 친구야, 그 수익 모아서 다시 투자하고 하면서 돈이 커지
는 거잖아. 지금 200만 원 투자해서 10만 원 벌었지? 그럼 이제
210만 원으로 투자할 수 있게 됐으니까 얼마나 좋아. 그러다 보
면 1,000만 원도 되고 1억도 되고 하는 거지."

"웃기고 있네. 야! 뭐? 어? 참나, 어느 세월에? 어? 야. 자고로
투자라고 하면 말이야, 어? 200만 원 넣었으면 한두 달 지남 400
만 원, 어? 500만 원 되어있고 그래야지! 어? 어?"

"아이고, 그건 투기지! 투자는 그런 게 아냐. 내가 공부 좀 하
라고 했잖아. 맨날 여행 다니고 돈 쓸 생각만 하지 말고."

"아. 나 안 해, 안 해! 어? 어? 투자고 투기고, 난 모르겠고. 어?
그냥 똑딱 넣음 펑하고 뻥튀기돼서 나와야 뭐 좀 해보든가 하지.
어? 어? 공부고 나발이고 투자고, 아 몰라. 나 안 해."

골로 옆에서는 오늘도 도를 닦는 기분이다. 선배님 하소연만
아니었으면 진작에 이 친구를 포기했을 것이다.

"내 친구 있잖냐. 참 아쉽다. 난 그 녀석 포기했거든. 그러면

안 되는 거였어. 힘들겠지만 그 골로라는 친구, 걔도 정신 좀 차리고 저축하게 네가 도와줘. 나중에 너랑 같이 자유를 즐길 친구도 있어야 되지 않겠어?"

맞다. 힘들다. 그래도 참자. 철은 없어도 착한 녀석이니까.

"야! 너 월급 언제 또 오르냐? 어? 어?"

"내년 1월에. 근데 왜?"

"그래? 뭐. 월급 오르면 어? 같이 여행 가자. 일단 이번엔 나 혼자 갔다 올게."

"뭔 여행을 또 간다고 그래? 무슨 돈으로?"

"나 펀드 팔았잖아. 그 돈으로 가지 뭐. 어? 인생 뭐 있냐? 어? 어?"

포기해야겠다. 내 정신 건강을 위해서.

황금알을 낳는 메추리를 키워요!

어떻게든 시간은 흐른다. 무덥던 여름도, 단풍으로 물들던 가을도 지났다. 그리고 드디어 낙엽마저 다 떨어진 앙상한 나뭇가지에 하얀 눈이 소복이 쌓인 겨울이 왔다. 내 월급이 올랐다는 뜻이다.

"지금까지 정신 못 차리면 어쩌냐? 참나, 월급 올랐다고 그걸 다 쓰려고 하는 거야?"

난 그저 너무 감사한 마음에 월급도 올랐겠다, 지금까지 신세 진 것도 많겠다, 이번에는 정말 제대로 된 식사를 대접하고 싶었던 것뿐이다.

"경제적 자유, 맨날 말만 하는데 넌 내가 어떻게 자유인이 됐는지 알고 있긴 한 거냐?"

"그야 투자를 잘 하셔서 그런 거 아닌가요?"

"그것만으로 충분했겠어?"

이럴 수가, 지난 번엔 그 정도 알면 된다고 하셨으면서!

"아… 아닌가요?"

"수익률이 아무리 좋아도 투자 자금이 턱없이 부족하면 원하는 금액을 만들 수가 없어. 넌 지금 투자액을 늘려야 할 때라고."

투자액을 더 늘리라니. 지금 엄청나게 아껴 쓰고 있는데. 여전히 날 놀리는 골로를 옆에 두고 꿋꿋하게 봉투를 써가면서!

"아! 그… 그러면 월급 오른 걸 다 저축하라는 말씀인가요?"

"그게 아니라"

뭐지? 대체 어쩌란 말이지?

"반만 더 저축해. 반은 더 쓰고. 10만 원 올랐다고? 축하한다, 아무튼. 10만 원 올랐으니까 5만 원은 저축하고 5만 원은 더 쓰면 되겠네."

다행이었다. 한 달에 5만 원을 더 쓸 수 있겠다.

"난 그렇게 저축했어. 월급이 오르면 일단 반은 저축 금액을 늘리고 물론 나머지 반은 하고 싶은 거 하고. 월급도 올랐는데 기분은 좀 내야지 않겠어? 너무 꽉 조이기만 하면 터져버리니까. 숨쉴 구멍을 살짝 만들어줬지."

터지지 않을 만큼만 살짝? 해보기는 하겠다만 언제까지 그렇게 할 수 있을까? 아무래도 좀 답답한 느낌을 떨칠 수 없었다.

"그럴게요, 선배님. 그런데 대체 언제까지… 월급이 오를 때마다 절반은 저축하는 그거요."

"10년만 그렇게 하자."

그나마(?) 다행이랄까.

"10년만 버텨봐. 그러면 월 저축 금액치고는 꽤 의미 있는 금액을 저축하고 있을 거야. 나도 그렇게 했거든. 투자 수익률, 그것도 중요하지. 하지만 이런 식으로 꾸준히 저축액을 늘려주지 않았으면 황금알을 낳는 메추리는 못 만들었을 거야."

투자는 하고 있지만 과연 이 정도 금액으로 경제적 자유를 얻고 황금알을 낳는 메추리를 키울 수 있을까, 의심스러웠던 적이 있긴 하다. 매년 저축액을 올린다…? 힘들겠지만 10년이라면 가능할 것 같았다.

"10년이 지나면 통장에도 제법 목돈이 모여있을 거야. 그쯤 되면 이제 또 다른 세상이 열리지. 또 다른 투자 말이야. 지금은 기껏해야 펀드나 주식, 아니면 소액 채권 정도만 기웃거리지만 자금이 제법 커지면 지금과는 완전 다른 차원의 상품들을 접하게 되거든. 최소한 그 정도 금액을 만들 때까지는 저축도, 투자도 멈추지 마. 느리고 답답한 것 같아도 그게 제일 빠른 길이야. 그러니까 계속 그 길을 그냥 묵묵히 가라는 말이야."

"아니, 그럼 어떤 상품들이 또 있는데요? 돈을 많이 모으면 할 수 있는 상품이 따로 있어요?"

"궁금해? 궁금하면 오백 원."

선배님… 제발 유머 감각도 자산처럼 키우셨으면 좋겠다.

"너무 궁금해 하지마. 지금 네 수준엔 그냥 그림의 떡이니까. 그럴 만한 수준으로 돈을 모아두면 저절로 너한테 이런저런 정보를 주는 사람들이 생길 거다. 세상은 원래 그렇거든. 그때까지는 그냥 공부 열심히 해. 그때 가서 올바른 정보를 주는 사람이 누군지 잘 알아볼 수 있으려면."

하긴 지금 알아 봤자 뭐… 할 수도 없는데. 아직은 천릿길이라도 한 걸음씩 계속 걸어야지. 그리고 정말 공부해야겠다. 그때가 돼서 진짜 전문가를 알아보지 못하고 엉뚱한 데 돈 쓰면 너무 억울할 것 같다.

"예, 선배님. 10년. 해보지요!"

"그래. 그런데… 그렇다고 딱 10년만 하라는 거 아니니까 그 후로도 가능하면 계속 그렇게 저축해. 황금 메추리 통장 저축법 말이야. 메추리가 하루라도 더 빨리 황금알을 낳기 원한다면."

내 메추리는 대체 언제 알을 낳을 것인가.

"하루라도 빨리 자유롭게 은퇴하고 싶다면 그렇게 하라는 뜻이야."

좋았어. 하루라도 빨리 쳇바퀴를 뛰쳐나가야지. 언제 내려올지는 내가 정한다. 기다려라, 소원 3호!

"예! 꼭 그렇게 하겠습니다!"

"잘해왔다. 앞으로도 계속 잘하고. 그리고 꼭 나보단 더 잘 살아라!"

"정말 그럴 수 있을까요?"

"그럼, 당연하지. 꼭 그래야 하고."

그렇게 선배와 헤어졌다. 그리고 핸드폰을 확인해보니 카톡이 무려 7개나 와 있다. 모두 다 골로였다.

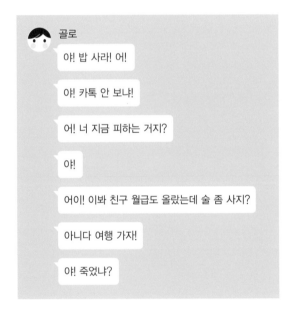

선배님과 헤어지기 전에 골로를 어떻게 하면 좋을지 물어볼걸 그랬다.

저축률을 높여주는 황금 메추리 통장 사용법

맞습니다. 아무리 수익률이 높아도 투자 가능한 금액이 너무 적다면 목돈을 만들기는 힘듭니다. 그렇다고 해서 우리가 당장 저축액을 끌어올릴 수는 없는 노릇. 소비의 비가역성, 기억나시죠? 어떤 이유에서든 한 번 늘어난 소비는 좀처럼 줄이기 힘드니까요. 그렇다고 낙담하지 마시고 저축률을 서서히 만족할 만한 수준으로 올릴 비교적 쉬운 방법을 사용하셨으면 합니다.

월급이 10만 원 올랐습니다. 올랐다고 합시다. 월급 빼고 다 오르는 세상이라고 하지만 그래도 지나보면 월급이 조금 올라 있거든요.

그럼 우리의 무의식이 늘어난 금액을 몽땅 소비로 연결시키기 전에 그 중 50%를 황금 메추리 통장으로 보내는 겁니다. 이 경우에는 5만 원을 더 저축하면 되겠군요.

이렇게 하면 소비도 5만 원을 늘릴 수 있지요. 허리띠를 너무 조이다 보면 어느 순간 이성의 끈을 놓고 폭주해서 마구 써버릴 수도 있습니다. 지름신이 지나간 후에 후회해도 소용이 없거든요. 그래서 월급이 오르면 소비도 조금 늘려 주는 것이 좋습니다. 그럼 소비에 대한 만족감 때문에 크게 힘들이지 않고도 저축액과 저축률을 올릴 수 있습니다.

이렇게 하면 실제로 저축액과 저축률은 얼마나 오를까요?

철수는 매월 250만 원을 법니다. 그중 200만 원을 쓰고 50만 원은 저축하지요. 따라서 저축률은 20% 입니다.

월급: 250만 원

저축액: 50만 원

저축률: (50만 원 ÷ 250만 원) x 100 = 20%

5년이 지났습니다. 이제 철수도 월급이 50만 원 올라서 매월 300만 원을 받습니다. 지금까지 설명한 방식대로 계속 저축해왔다면 이제 저축액과 저축률은 얼마일까요? 월급이 50만 원 올랐으니 저축액이 25만 원 늘어서 75만 원이 되었습니다. 따라서 저축률은 25%가 되었군요.

월급: 300만 원

저축액: 75만 원

저축률: (75만 원 ÷ 300만 원) x 100 = 25%

다시 5년이 흘렀습니다. 그사이 월급은 60만 원이 올라서 360만 원이 되었습니다. 저축액은 30만 원이 늘었을 테니 총 105만 원이 되었고, 저축률은 29.2%가 됩니다!

월급: 360만 원
저축액: 105만 원
저축률: (105만 원 ÷ 360만 원) x 100 = 29.2%

저축금액은 50만 원에서 75만 원, 그리고 105만 원,
저축률은 20%에서 25%, 그리고 29.2%로 올랐습니다.

〈저축률 그래프〉

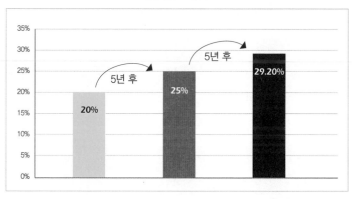

그 사이 소비도 200만 원에서 225만 원, 255만 원으로 늘어나게 되니 졸라맨 허리띠도 버겁진 않을 거예요.

우리도 철수처럼 현명하게 저축액을 늘려나가면 메추리 통장이 튼실하게 채워지고, 어느 순간 황금알이 쌓여있을 것입니다.

"지금 거신 전화는 없는 번호이니…"

선배님과 연락이 끊긴 지 6개월이 지났다.

프랑스 거지 체험을 한 지 3년이 흘렀구나. 기적처럼 선배를 만난 것이 벌써 3년 전이다. 돌아보면 내 생활은 그다지 바뀐 것이 없었다.

여전히 잠과 사투를 벌이는 아침.

한 달에 열흘 이상 찾아오는 야근.

집보다 사무실에서 보낼 때가 많은 주말과 옥탑방 지킴이 신세도 똑같다. 월세에서 전세로 바뀌기는 했지만.

엄청난 일감이 기다렸다는 듯 몰려드는 퇴근 시간도 여전하다. 다만 그걸 던져주시는 부장님은 3년 전 그분이 아니다. 예전

부장님은 얼굴이 흙빛이 되어 회사를 떠나셨다. 드라마에서 보던 장면 그대로 박스에 이것저것 물건을 챙기신 채. 작년 이맘때 일이다. 부장님 아들이 아직 고등학생이라는 걸 그때야 알았다.

이제 차는 없다. 야구 글러브도 없다. 학자금 대출과 자동차 할부도 사라졌다. 신용카드 대금도 거의 없다. 후불 교통요금과 핸드폰 사용료 정도만 찍힐 뿐이다.

80만 원씩 내던 월세 대신 전세자금 대출 이자를 15만 원씩 내고 있다. 주거 비용이 3년 전보다 65만 원이나 줄어든 셈이다. 이것도 내후년이면 없어지겠지만.

마이너스 300만 원을 찍었던 내 통장에는 500만 원이 모였다. 아직은 귀여운 액수다. 대신 펀드가 생겼다. 그리고 황금 메추리 통장에는 약 1,500만 원의 잔고가 찍혀있다.

해장국 뼈다귀처럼 마디마디 갈라져 골수까지 빨리던 직장 생활도 아직까지는 변함없다. 다만 내 일의 소중함과 월급의 의미를 알게 되었다.

6개월 전이었다.

"잘해왔다. 앞으로도 계속 잘하고. 그리고 꼭 나보단 더 잘 살아라!"

"정말 그럴 수 있을까요?"

"그럼, 당연하지. 꼭 그래야 하고."

잠깐 멍하니 하늘을 바라보던 선배가 갑자기 일어섰다.

"넌 나랑 닮은 구석이 참 많거든. 나 간다!"

문득 선배님 이름이라도 알아야 할 것 같았다. 지금까지 이름 조차 몰랐다는 것이 우스웠다.

"저, 선배님… 근데 제가 지금까지 선배님 성함도 모르네요?"

잠시 나를 쳐다보던 선배가 살짝 웃는다.

"내 이름?"

"예, 선배님 성함이요."

"너랑 이름이 같아."

"예?"

"기억해라. 이 세상에서 널 도울 수 있는 사람은 너 자신 밖에 없다."

그게 마지막이었다.

요란한 전화벨 소리에 현실로 돌아왔다.

"야! 인생 뭐 있냐? 오늘 술이나 한잔 어때?"

여전히 여전한 골로다.

그나저나 선배는 내 이름을 어떻게 알았을까? 알려드린 적도 없는데.

그렇게 20년이 지났다. 여유롭게 다시 떠난 유럽 여행. 파리의 한 호텔에서였다.

"야, 야! 어! 쟤, 쟤 아냐? 어? 어? 맞는 거 같은데, 어?"

호텔 로비, 삶을 체념한 듯한 표정으로 소파 위에 앉아, 아니 널브러져 배영을 하듯 천장을 보고 있는 30대 초반 남자가 보인다. 맞네. 저놈이다.

"야. 거지냐? 밥은 먹었냐?"

갑작스런 질문에 놀란 듯 벌떡 일어나더니 놀란 토끼 눈으로 날 쳐다본다.

"일단 밥부터 먹자. 따라와"

호텔 로비 뒤 전자 달력에는 2018년 8월이 찍혀있다. 그나저나 아까부터 내 친구 녀석은 저 말만 몇 번째인지.

"아, 근데 이놈은 어디에 있는 거야? 어? 어? 아! 분명 어딘가에서 욜로를 외치면서 내 인생 망치고 있을 건데. 아… 어디 있지? 꼭 찾아야 되는데. 어? 어?"

모든 노하우의 울트라 슈퍼 그레이트 결정체, 〈황금 메추리 통장〉

황금 메추리 통장이 무엇인지 이제 감 잡으셨나요? 황금알을 낳는 거위처럼 나 대신 일 해서 내 생활비를 벌어다 주는, 그래서 경제적 자유를 얻을 수 있게 해 주는 착한 통장이지요. 그럼 왜 황금 '거위' 통장은 안 되냐고요? 우리 보통 사람들의 월급은 커다란 거위 알보단 메추리 알에 더 가까우니까요. 그렇다고 실망하지 마세요. '황금' 메추리 알이라면 얘기가 다르잖아요!

그럼 우리는 어떻게 해야 이 통장을 가질 수 있을까요? 실제 메추리를 생각해 보세요. 어미 메추리가 알을 낳고 품어 부화시키고, 그러고도 상당 기간 정성을 다해 키워야 비로소 새끼가 자라 알을 낳기 시작합니다. 이 통장도 마찬가지에요. 우선 메추리 알부터 구해야겠지요? 이 통장의 어미 메추리는 바로 우리 자신입니다.

메추리 알부터 만들어요!

우리가 품고 부화시킬 알의 재료는 다름 아닌 월급입 니다. 나중에 새끼 메추리가 태어났을 때 먹일 모이 또한 월급이지요. 그래서 절약이 중요합니다. 안타깝지만 우 리가 받을 수 있는 월급은 정해져 있으니깐요.

1. 현금으로 생활하기

알을 만들기 위해선 현금으로만 생활할 수 있어야 합니다. 여러분은 오늘 당 장 신용카드를 버리고 월급 통장 속 현금만으로 살아갈 수 있나요? 그렇지 못 한 사람이 대부분입니다. 월급을 받으면 카드 대금이 훅 빠져나가고, 현금이 부 족해 다시 카드에 의존하고 악순환을 무한 반복하게 됩니다.

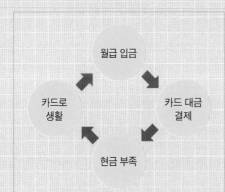

우선 악순환의 고리부 터 끊어야 합니다. 시간을 두고 점차 카드 대금을 줄 여나가며 결국 현금만으 로 생활할 수 있는 상황까 지 만드는 겁니다.

2. 대출 털어내기

그 다음 조건은 주거 관련 대출 외에 다른 대출을 없애는 것입니다. 우리나라는 주거 관련 비용이 너무 크다 보니 주택 구입이나 전세자금 대출은 용납할 수 밖에 없습니다. 그러나 그 외의 대출은 하루빨리 청산해야 합니다.

3. 비상예비자금 적립 시작

그 다음으로, 비상예비자금 통장 설정액을 채우기 위해 정기적으로 적립해야 합니다. 하루 아침에 비상예비자금을 다 채우긴 힘들지요. 만약 의미 없이 묵혀둔 자금이 있다면 대출부터 먼저 상환한 후, 그러고도 남는 자금은 비상예비자금을 만들면 됩니다. 메추리가 태어나 황금알을 낳기까지 꽤나 오랜 시간이 필요합니다. 그 사이 예상치 못한 일이 벌어지면 메추리가 미처 다 자라기도 전에 잡아야 하는 일이 발생할 수 있거든요. 그래서 비상예비자금이 무척 중요합니다.

4. 보장성 보험 준비

알 만들기의 마지막 단계는 효율적인 보장성 보험의 준비입니다. 보장성 보험은 예상치 못한 외부의 충격으로부터 황금 메추리 통장을 지켜줄 보호막 역할을 합니다. 그렇기 때문에 너무 부족해도, 너무 과해도 문제지요. 너무 부족하면 보호막 역할을 제대로 하지 못하고, 너무 과하면 보장성 보험 만들기에 과도한 비용이 들어 결국 알을 만들 재료나 황금 메추리를 키울 먹이가 부족해집니다.

[황금 메추리 알을 만드는 조건]

1. 현금으로만 생활이 가능해야 한다.(카드 사용 최소화)
2. 주거관련 대출 외에는 대출이 없어야 한다.
3. 비상예비자금 준비를 시작한다.
4. 효율적으로 보장성 보험을 준비한다.

이런 여건을 갖추어야 정해진 예산으로 생활할 수 있고 계획적인 장기 투자가 가능해집니다.

메추리 알의 부화!

메추리 알이 부화하기까지 16~21일 따뜻이 품어줘야 한다고 합니다. 쉽지 않은 일이지요? 우리 황금 메추리 알이 부화하기까지도 시간과 노력이 필요합니다

1. 3년 내 필요한 자금 마련

3년 내에 필요한 자금은 따로 떼어 준비하고 나머지 저축액은 황금 메추리 통장으로 적립해야 한다고 앞서 말씀 드렸습니다. 그런데 황금 메추리 통장에 이미 충분한 금액이 적립되어서 3년 내의 재무 목표(주택 구입 제외)를 달성했다면 굳이 3년 내에 필요한 자금을 따로 저축할 필요가 없지요. 이미 예비된 자금에서 인출해서 쓰면 되니까요. 이렇게 되면 3년 내의 재무 목표를 위해 따로 떼어둔 저축액까지도 황금 메추리 통장에 적립할 수 있게 됩니다.

2. 비상예비자금 완성

비상예비자금도 완성해야 합니다. 똑같은 논리입니다. 비상예비자금이 마련된 후에는 여기에 적립하던 금액까지 황금 메추리 통장에 적립하면 됩니다.

3. 월급 인상분 활용

월급은 우리가 키울 황금 메추리의 양식입니다. 먹이를 충분히 확보해야 황금 메추리가 태어났을 때 건강히 배부르게 먹일 수 있지요.

〈황금 메추리 통장 저축법〉 기억하시죠? 월급 인상분을 이용해 큰 수고 없이도 저축률을 높일 수 있는 방법도 꼭 함께 활용하셔야 됩니다. 정성껏 부화시킨 황금 메추리가 굶어 죽으면 안 되잖아요.

황금 메추리 육아법!

황금 메추리가 태어났다면 이제 무럭무럭 키워야 합니다. '황금 메추리 통장'이라고 이름 붙이긴 했지만 그렇다고 해서 어떤 개별적인 통장이나 상품을 의미하는 것이 아닙니다. 여러 상품들이 조합된 '복합 계좌'라고 생각하면 됩니다.

1. 메인 상품 고르기 : 변액적립상품

이 계좌에는 기둥 역할을 할 메인 상품이 필요합니다. 황금 메추리 통장은 평생 활용해야 하기 때문에 장기 투자에 적합한 상품을 중심으로 삼아야 합니다. 현재 이런 용도로 활용하기 가장 적합한 상품은 보험사의 변액적립상품들입니다. 변액유니버설적립(VUL)또는 변액연금(VA) 등으로 판매되고 있지요. 그럼 왜 이 상품들이 적합할까요? 그 특징부터 살펴보도록 하겠습니다. 두 상품은 차이점이 거의 없으므로 변액적립상품으로 묶어서 표현하겠습니다.

☞ 체크포인트 1 : 비용 구조

변액적립상품의 비용 구조부터 알아볼까요? 앞서 우리는 펀드의 비용 구조를 살펴보았습니다(선배의 Tip PLUS 실패 없는 적립식 펀드 활용법 참고). 변액적립상품의 비용 구조도 펀드와 비슷합니다. 다만 선취수수료와 보수의 크기가 다를 뿐이죠.

★비용 구조 이해하기

보험사 상품이든, 증권사 펀드든, 모두 자산운용회사에서 자금 운용을 담당합니다. 여기에서 차감해 가는 비용을 '보수'라고 표현하지요. 펀드의 보수는 개별 펀드마다 다르지만 앞에서 확인해 본 것처럼 1~2% 정도입니다. 이에 비해 보험사에서 판매하는 변액적립상품은 보수가 0.3~0.6% 정도로 대개 증권사 펀드의 절반에도 미치지 않습니다. 그 외에 판매사가 가져 가는 비용은 증권사에선 '수수료'로(일반적으로 '선취 수수료'), 보험사에선 '사업비'로 표현합니다. 그런데 증권사 수수료는 1% 정도인데 반해, 보험사 사업비는 무려 10~15% 정도나 되지요. 여기에 특이하게도 보험사 상품에는 '중도해지수수료'라고 해서 초기에 해지 시 별도로 차감해 가는 수수료도 있습니다. 일반적으로 7년이 지나면 이 중도해지수수료는 사라집니다.

구분	운용회사	판매회사	비용	
			보수	수수료,사업비
펀드	자산운용사	증권사	연 1~2%	1% 내외
변액적립상품		보험사	연 0.3~0.6%	10~15%

이런 비용 구조의 차이가 어떤 결과를 가져올까요? 증권사는 매월 납입액에서 차감하는 비용은 작으나 누적액(평가금액)에서 차감해 가는 비용이 상대적으로 크기 때문에 시간이 지날수록, 평가금액 커질수록 비용이 기하급수적으로 늘어납니다. 반대로 보험사는 매월 납입액에서 차감하는 금액이 (펀드에 비하면) 엄청나게 크지만, 평가금액에서 차감해 가는 비용은 상대적으로 작습니다. 그래서 초기 비용은 크지만 시간이 지날수록 상대적 비용이 줄어들게 되는 것이죠. 일반적으로 약 10년을 전후로 펀드의 연간 비용이 변액적립상품의 연간 비용을 앞지르게 됩니다(상품마다 조금씩 다릅니다.).

★사업비를 저렴하게 만드는 비법

그런데 펀드와 달리 보험사의 변액적립상품을 이용하면 사업비를 1/3로 줄일 수 있는 방법이 있습니다. 바로 '추가 납입'이라는 제도입니다. 일반적으로 매월 납입하는 금액의 두 배, 지금까지 납입한 금액의 두 배까지 추가 납입이 가능하지요. 매월 100만 원씩 납입하는 경우엔 매월 200만 원까지, 매월 100만 원씩 24개월을 납입했는데 그 동안 한 번도 추가 납입이 없었다면 4천 8백 만 원까지(24개월 × 2 × 100만 원) 한 번에 추가 납입을 할 수 있습니다. 만약 그 사이 500만 원을 추가 납입 했다면 이 500만 원을 제한 4천 3백만 원까지 추가 납입이 가능하지요. 바로 여기에 사업비를 줄일 수 있는 비밀이 숨어 있습니다. 일반적으로 추가 납입 분에는 비용이 전혀 붙지 않기 때문입니다(단, 보수는 부과합니다).

[사업비 12%인 경우 추가 납입 활용 시, 사업비 감소 효과]

매월 정기 납입 금액(1)	추가 납입 금액(2)	(1)+(2)	사업비(12% 일 때)	실효 사업비
100만 원	200만 원	300만 원	12만 원	4%
300만 원		300만 원	36만 원	12%

이 제도를 100% 활용하면 5~7년만 지나도 연간 비용이 펀드보다 작아집니다. 황금 메추리 통장은 수십 년간 활용할 테니 그래서 변액적립상품이 메인으로 적격이지요. 그럼 추가 납입금은 어떻게 마련할까요? 앞에서 알아본 '실패 없는 적립식 펀드 활용법'을 이용하면 됩니다. 목표 수익률을 달성해서 환매한 자금을 다른 곳에 쓰지 말고 추가 납입 재원으로 활용하세요.

☞ 체크포인트 2 : 펀드 변경의 편의성

황금 메추리 통장의 메인 상품으로 보험사 변액적립상품을 이용해야 할 또 다른 이유는 바로 펀드 변경의 편의성입니다. 앞에서 배운 내용을 잠시 복습해 볼까요? 펀드 포트폴리오를 구성할 때는 주식형 70%, 채권형 30%로 하는 것이 좋다고 했지요. 그러다가 서브프라임 사태처럼 시장이 급락할 때는 채권형 펀드를 환매해서 주식형 펀드에 추가 투자하고, 시장이 회복하면 다시 기존 포트폴리오인 주식형 70%, 채권형 30%로 돌아가야 합니다. 기억나시죠? 그런데 증권사 펀드를 이용하면 이런 융통성을 부리기가 힘들어집니다. 시장 상황이 바뀔 때마다 펀드를 환매하고 다른 펀드에 가입해야 하는 번거롭고 피곤한 일이 발생하거든요. 하지만 보험사 변액적립상품을 활용하면 이런 수고로움이 없어집니다. 변액적립상품엔 이미 수십 종의 펀드가 탑재되어 있고 우리는 각 펀드의 투입 비율만 선택하면 되는데, 시장 상황이 바뀔 땐 전화 한 통이나 홈페이지 접속만으로도 간단히 펀드 비율을 변경할 수 있습니다.

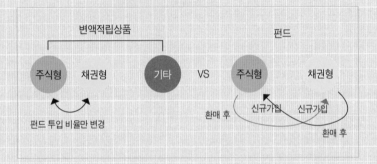

☞ 체크포인트 3 : 자금 유동성

세 번째 이유는 자금의 활용성, 즉 유동성에 있습니다. 황금 메추리 통장을 키우다 보면 적립식 펀드나 보험사 변액적립상품 외에도 아주 매력적인 투자 대상이 나타날 수 있습니다. 오피스텔 투자가 될 수도 있고 브라질 채권 같은 해외 채권이 될 수도 있지요. 일부 금액을 이런 곳에 투자하고 싶을 때, 증권사 펀드는 부분 환매가 불가능한 경우도 있습니다. 그래서 전액 환매를 할 수밖에 없지요. 그러나 변액적립상품이라면 비용 없이 일정 금액을 자유롭게 인출할 수 있기 때문에 자금 활용성 측면에서도 더 유리합니다.

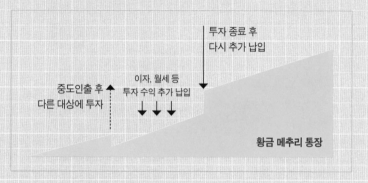

이렇게 월급의 의미에 대한 이해, 절약, 투자에 대한 이해, 적합한 상품 선정 및 활용, 월급 인상분의 추가 저축 등이 종합적으로 어우러지면 여러분도 황금 메추리를 성공적으로 키울 수 있습니다. 돈으로부터 자유가 불가능한 일이 아닙니다. 그렇다면 오랫동안 기다려온 마지막 질문! 내 황금 메추리는 언제부터 알을 낳아줄까요? 부록에 수록된 표로 확인해 보세요. 생각처럼 그리 오래 걸리진 않는답니다.

[황금 메추리 통장 사용법 (예시)]

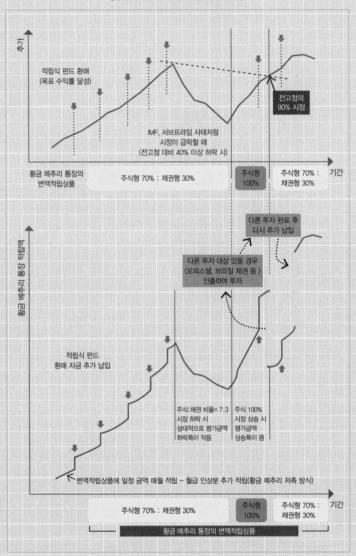

주가

적립식 펀드 환매
(목표 수익률 달성)

IMF, 서브프라임 사태처럼
시장이 급락할 때
(전고점 대비 40% 이상 하락 시)

전고점의
90% 시점

황금 메추리 통장의
변액적립상품

| 주식형 70% : 채권형 30% | 주식형 100% | 주식형 70% : 채권형 30% | 기간 |

황금 메추리 통장 적립액

적립식 펀드
환매 자금 추가 납입

다른 투자 완료 후
다시 추가 납입

다른 투자 대상 있을 경우
(오피스텔, 브라질 채권 등)
인출하여 투자

주식:채권 비율= 7:3
시장 하락 시
상대적으로 평가금액
하락폭이 작음

주식 100%
시장 상승 시
평가금액
상승폭이 큼

변액적립상품에 일정 금액 매월 적립 - 월급 인상분 추가 적립(황금 메추리 저축 방식)

| 주식형 70% : 채권형 30% | 주식형 100% | 주식형 70% : 채권형 30% | 기간 |

황금 메추리 통장의 변액적립상품

내 황금 메추리는 언제부터 알을 낳을 수 있을까?

정성껏 품고 부지런히 먹여서 나만의 황금 메추리를 키웠다면, 과연 언제부터 황금알을 받아먹으며 살 수 있을지 궁금해지지요? 메추리가 황금알을 낳아 준다는 것은 황금 메추리 통장의 모든 상품에서 발생하는 총 수익이 생활비보다 많아지는 상태를 의미합니다. 황금 메추리 통장의 메인 상품인 변액적립상품 연금 수령액(연금으로 전환할 수 있습니다) + 오피스텔 등에서 나오는 월세 수익 + 해외 채권 등에서 나오는 이자 등을 합친 금액이 생활비보다 많아지는 것을 의미합니다.

> 황금 메추리가 황금알을 낳아 주는 시점 :
> 황금 메추리 통장의 상품들의 수익 합 〉 생활비

그러면 과연 언제부터 통장이 황금알을 낳아줄까요? 뒤 페이지의 표를 참조하면 대략적으로나마 시기를 가늠해 볼 수 있습니다.

물가상승률은 2.5%로 고정된다고 가정했습니다. 여기에 추가가 되는 변수는 저축률, 월급 인상률, 월급 인상분 중 추가 저축률(황금 메추리 통장 저축 방식 239~241쪽 참고), 운용 수익률이 있습니다.

만약 저축률이 30%이고, 월급 인상률이 3%라면 [저축률 30%, 월급 인상률 3%]라는 제목의 표를 참고하면 됩니다.

[저축률 30%, 월급 인상율 3%]

추가저축률 \ 수익률	2%	3%	4%	5%	6%	7%	8%
20%	.	.	120.9	64	43.5	32.7	26
30%	.	.	95.9	54.6	37.9	29.4	23.8
40%	.	.	78	46.8	33.8	26.6	21.8
50%	.	.	64.8	40.8	30.4	24.3	20.4
60%	.	.	54.6	35.9	27.5	22.4	18.8
70%	.	110	46.6	32	24.9	20.7	17.7

해당하는 표를 찾으셨나요? 여기서 가로축은 운용 수익률, 세로축은 월급 인상분 중 추가 저축률을 나타냅니다. 운용 수익률(복리, 비과세 기준)이 6%, 추가 저축률이 50%라면 가로축에서 5%, 세로축에서 50%를 찾아 두 축이 만나는 지점을 확인하면 됩니다. 이 경우라면 황금 메추리 통장이 알을 낳아 주기까지 30.4년이 걸리네요! 운용 수익률과 추가 저축률이 높을수록 기간이 짧아지는 것을 확인 할 수 있습니다.

이 표에는 물가상승률까지 반영되어 있기 때문에 평생 사용한 후, 자녀에게 물려 주는 것까지도 가능합니다.

상속을 고려하지 않고 내가 사는 동안만 활용할 계획이라면 기간은 훨씬 더 단축되지요. 가령 은퇴 후 30년간 사용할 자금만 준비할 생각이라면 기간은 24년으로 6.4년이나 줄어들게 됩니다.

그리고 일부 준비된 자금이 이미 있다면 그만큼 기간은 더 줄어들죠.

절약을 통해 저축률을 높이고 투자를 통해 수익률을 높인다면 생각보다 더 짧은 시간에 경제적 자유를 얻을 수 있을 겁니다.

여기에 국민연금, 퇴직연금 등 연금액이 더해지면 훨씬 더 줄어들 테니 경제적 자유, 절대 포기 하지 마세요.

끝으로 두 가지만 기억하세요.

> 1. 월급 인상률이 높을수록 월급 인상분 추가 저축률이 높아져야 기간을 줄일 수 있습니다.
>   - 월급 인상률이 높다는 건 월급이 많이 오른다는 뜻인데, 아무리 월급이 올라도 추가 저축률이 낮다면 그만큼 소비가 늘어나고 있다는 뜻입니다.
> 2. 수익률이 보여주듯, 투자 없이는 경제적 자유를 얻을 수 없습니다. 저성장 시대에는 저축만으로는 부족해요.

자, 여러분의 황금 메추리는 언제부터 알을 낳을 예정인가요? 그리고 여러분은 그 기간을 얼마나 단축시킬 계획인가요? 지금부터 시작해 보세요. 이 시대 평범한 직장인들의 멋진 경제적 자유를 진심으로 응원합니다!

[저축률 30%, 월급 인상율 3%]

추가저축률 \ 수익률	2%	3%	4%	5%	6%	7%	8%
20%	.	.	120.9	64	43.5	32.7	26
30%	.	.	95.9	54.6	37.9	29.4	23.8
40%	.	.	78	46.8	33.8	26.6	21.8
50%	.	.	64.8	40.8	30.4	24.3	20.4
60%	.	.	54.6	35.9	27.5	22.4	18.8
70%	.	.110	46.6	32	24.9	20.7	17.7

[저축률 30%, 월급 인상률 4.5%]

추가저축률 \ 수익률	2%	3%	4%	5%	6%	7%	8%
20%	.	.	.	109.9	60	41.7	31.7
30%	.	.	.	78	47.8	34.7	27
40%	.	.	144	59	38.9	29.6	23.8
50%	.	.	91.9	46.8	32.8	25.7	21
60%	.	.	64.9	38	28	22.6	18.9
70%	.	.	48.9	31.8	24.6	20	17.3

[저축률 30%, 월급 인상률 6%]

추가저축률 \ 수익률	2%	3%	4%	5%	6%	7%	8%
20%	.	.	.	.	106.9	58	40
30%	.	.	.	.	67.8	42.9	31.8
40%	.	.	.	95	48	33.8	26
50%	.	.	.	59.8	36.8	27.7	22
60%	.	.	110	42.8	29.7	23	19.4
70%	.	.	56.9	32.8	24.6	19.8	16.8

[저축률 40%, 월급 인상률 3%]

추가 저축률 \ 수익률	2%	3%	4%	5%	6%	7%	8%
20%	.	.	.	55.7	36.5	26.8	21
30%	.	.	87.7	47	31.9	24.4	19.6
40%	.	.	70.9	40.7	28.6	22	17.9
50%	.	.	58.7	35.6	25.7	20.3	16.8
60%	.	.	48.9	31.4	23.4	18.7	15.7
70%	.	104.9	41.7	27.8	21.3	17.4	14.7

[저축률 40%, 월급 인상률 4.5%]

추가 저축률 \ 수익률	2%	3%	4%	5%	6%	7%	8%
20%	.	.	.	100	52.8	35	26
30%	.	.	.	71	41.8	29.6	22.8
40%	.	.	138	53.8	33.9	25	19.9
50%	.	.	86.9	41.9	28.7	21.8	17.8
60%	.	.	60.8	34	24.6	19.4	15.9
70%	.	.	45	28.6	21.5	17.4	14.6

[저축률 40%, 월급 인상률 6%]

추가 저축률 \ 수익률	2%	3%	4%	5%	6%	7%	8%
20%	.	.	.	.	97.9	50.9	34.8
30%	.	.	.	.	61.8	37.8	27.7
40%	.	.	.	89.9	43.8	29.8	22.7
50%	.	.	.	55	32.9	23.9	19
60%	.	.	107	38.9	26	20	16.7
70%	.	.	53.8	29.8	21.8	17.5	14.6

[저축률 50%, 월급 인상률 3%]

추가 저축률 \ 수익률	2%	3%	4%	5%	6%	7%	8%
20%	.	.	99	47.8	30	21.8	16.8
30%	.	.	78.9	40.7	26.7	19.8	15.7
40%	.	.	63.8	34.8	23.8	17.9	14.6
50%	.	.	52	30.5	21.5	16.6	13.6
60%	.	.	43.6	26.7	19.5	15.4	12.7
70%	.	99	36.7	23.7	17.8	14.3	11.9

[저축률 50%, 월급 인상률 4.5%]

추가 저축률 \ 수익률	2%	3%	4%	5%	6%	7%	8%
20%	.	.	.	90.8	45.8	29.7	21.7
30%	.	.	.	64	35.9	24.8	18.8
40%	.	.	.	47.9	29.6	20.9	16.6
50%	.	.	81	37	24.7	18.5	14.7
60%	.	.	55.8	29.9	20.8	16.3	13.4
70%	.	.	40.9	24.8	18.3	14.5	12

[저축률 50%, 월급 인상률 6%]

추가 저축률 \ 수익률	2%	3%	4%	5%	6%	7%	8%
20%	.	.	.	.	89	44	28.9
30%	.	.	.	.	55	32.8	22.9
40%	.	.	.	84	38.8	25.7	18.9
50%	.	.	.	50.9	28.9	20.8	15.9
60%	.	.	103	35	22.9	17.5	13.8
70%	.	.	50	26.7	18.8	14.8	12.4

[저축률 60%, 월급 인상률 3%]

추가 저축률 \ 수익률	2%	3%	4%	5%	6%	7%	8%
20%	.	.	89.8	40	24.6	17	13
30%	.	.	70.8	33.9	21.6	15.7	12
40%	.	.	56.8	28.9	19	14.4	11.4
50%	.	.	45.8	25	17.4	13	10.6
60%	.	.	37.8	21.9	15.7	12	9.9
70%	.	93	31.6	19.6	14.3	11.3	9.4

[저축률 60%, 월급 인상률 4.5%]

추가 저축률 \ 수익률	2%	3%	4%	5%	6%	7%	8%
20%	.	.	.	81	38.8	23.9	16.9
30%	.	.	.	56.9	30	19.9	14.8
40%	.	.	.	41.9	24.7	16.9	12.9
50%	.	.	75.9	32	20.6	14.8	11.7
60%	.	.	50.8	25.8	17.5	13	10.6
70%	.	.	36.7	20.9	14.9	11.7	9.7

[저축률 60%, 월급 인상률 6%]

추가 저축률 \ 수익률	2%	3%	4%	5%	6%	7%	8%
20%	.	.	.	.	80	37.8	23.8
30%	.	.	.	.	49	27.8	18.8
40%	.	.	.	78	33.8	21	15.7
50%	.	.	.	46	24.9	17	12.9
60%	.	.	98	31	19.7	14.5	11.4
70%	.	.	46	22.9	15.8	12	9.8